高等职业教育新商科系列教材 财会专业系列

浙江省普通高校“十三五”新形态教材

会计文化

主　编◎康　杰

副主编◎赵莉娜　季丹群

参　编◎陈　芳　朱驰敏　赵克辉

KUAIJI WENHUA

北京师范大学出版集团
BEIJING NORMAL UNIVERSITY PUBLISHING GROUP
北京师范大学出版社

图书在版编目(CIP)数据

会计文化/康杰主编. —北京：北京师范大学出版社，2022.2
(2023.8 重印)
(高等职业教育新商科系列教材·财会专业系列)
ISBN 978-7-303-27793-3

Ⅰ.①会… Ⅱ.①康… Ⅲ.①会计文化—高等职业教育—教材 Ⅳ.①F230

中国版本图书馆 CIP 数据核字(2022)第 011928 号

图书意见反馈：gaozhifk@bnupg.com 010-58805079
营销中心电话：010-58806880 58801876

出版发行：北京师范大学出版社 www.bnupg.com
北京市西城区新街口外大街 12-3 号
邮政编码：100088
印　　刷：北京虎彩文化传播有限公司
经　　销：全国新华书店
开　　本：787 mm×1092 mm 1/16
印　　张：8
字　　数：135 千字
版　　次：2022 年 2 月第 1 版
印　　次：2023 年 8 月第 4 次印刷
定　　价：30.00 元

策划编辑：包　彤　　责任编辑：包　彤
美术编辑：陈　涛　焦　丽　　装帧设计：陈　涛　焦　丽
责任校对：陈　民　　责任印制：马　洁　赵　龙

前　言

党的二十大报告指出："育人的根本在于立德。"为了全面贯彻党的教育方针，落实立德树人根本任务，我们按照课程思政的要求编写本书。书中将优秀会计文化分为会计历史、会计精神、会计道德、会计行为四部分，通过优秀代表人物和事例，对各部分的具体内容进行"碎片化"处理，并使之与会计要素、会计职能和会计行为融为一体，"在会计中融文化""在文化中讲会计"，力求做到内容具体化、场景化、形象化和故事化。

本书由浙江长征职业技术学院的六位老师共同编写。康杰担任主编，负责整体策划、统稿和审稿工作；赵莉娜和季丹群担任副主编，主编和副主编共同负责全书的修改和定稿；陈芳、朱驰敏、赵克辉参与编写。全书共分五个章节，具体分工如下：康杰编写第一章和第二章，朱驰敏编写第三章，季丹群编写第四章，陈芳编写第五章。书中配套的视频与音频部分，第一章到第三章由赵莉娜录制，第四章由季丹群录制，第五章由陈芳录制。

本书在撰写过程中得到了浙江长征职业技术学院领导，科研处、教务处的教师们和会计系主任张琼教授的支持与协助，并承蒙他们提出了许多宝贵意见。本书的编写参阅了国内外许多相关书籍、文献和资料，对提高内容质量很有帮助，在此表示衷心的感谢！

本书可作为财会类专业教材，也适合作为在职人员培训及经济管理人员工作的参考用书。为了达到理想的教学效果，本书另配有课程标准、考核方案、案例分析、课堂活动、期末测评等材料，选用本书的教师请与北京师范大学出版社责任编辑联系。

由于编者水平有限，书中难免存在不足之处，恳请读者批评指正，以便再版时改正！

编　者

2022 年 11 月

目　录

第一章 会计文化的厚重沉积

第一节　会计与会计文化

一、什么是会计文化

会计文化，其实质是一种管理文化，是人们在长期的社会实践活动中逐渐创造和形成的，为全体会计人员所共同享有，具有引导、凝聚、激励、约束会计群体，体现民族特色，推进会计管理现代化进程作用的会计知识、理念和价值观的总和。

二、优秀会计文化的内容

优秀会计文化由优秀会计历史文化、优秀会计精神文化、优秀会计道德文化和优秀会计行为文化四部分构成。

(一)优秀会计历史文化

从我国远古时代“结绳记事”开始，会计距今已经有五千年的历史。我国会计历史不但悠久，而且同不同年代的社会与经济环境存在密切联系。随着社会的进步，劳动工具的不断改进，使会计逐渐形成了自身的知识和能力体系，同时也产生了具有我国历史特点的优秀会计历史文化。

比如，通常会计上讲的“精细”，就会使我们自然联想起旧时代的“算账先生”，当店铺关门后，伙计们都走了，而“算账先生”仍在昏暗的烛光下低头算账直至深夜；又如，当今会计讲的“诚信”，这在几千年前就已经成为会计人的座右铭，很多“算账先生”宁折不弯，不做假账，让现代人肃然起敬。因此，我国的优秀会计文化的精髓源于优秀会计历史文化。正是优秀会计历史文化的不断传承，构成了当今优秀会计文化体系。

（二）优秀会计精神文化

通常，一名优秀的会计工作者需要有一种职业精神，包括会计的行业精神、会计从业人员的精神和会计团队的精神。

优秀会计精神文化体现为共同的会计宗旨、目标和责任。首先，会计宗旨要求会计必须客观公允地反映企业的财务状况、经营成果、现金流量，反映企业管理层受托责任履行情况，为股东（或业主）、债权人、企业管理者、政府及其有关部门和社会公众提供真实、准确、完整的会计信息，为决策提供依据。其次，会计目标是为企业所有利益相关者提供各种契约信息，维护利益相关者的权益。在经济新常态下，能够顺应互联网时代发展潮流，采用各种现代信息工具从事会计活动，完成传统会计向现代会计的转型。再次，会计责任是指会计工作者有责任保证会计资料的安全性、会计信息的真实性、会计内容的完整性，这是优秀会计工作者的基本责任。当会计工作者未能尽到应尽责任，违反国家法律和会计准则的规定，有失会计的公平性、公正性和真实性时，必须承担相应的法律责任。最后，会计组织体现了组织内容中的领导者与各会计职能人员的合作，这种合作精神可视为企业员工和团队建设的重要方面，优秀会计文化将在共同宗旨、目标和责任下营造合作环境，创造合作条件，培养组织成员的合作精神，使会计组织的凝聚力不断增强，会计领导者、管理者、会计从业人员在组织中共享共荣，这是现代会计组织中的文化理念，也体现了优秀会计文化的功能作用。

（三）优秀会计道德文化

优秀的会计人员必须具备会计职业道德，这是会计职业的核心。优秀会计职业道德可以用五个字来说明，即“五字诀”——情、诚、精、细、勤。

第一，“情”。热爱本职工作，对自己的工作保持极大的兴趣和热情。对从事的会计职业有正确认识和恭敬态度，做到情系岗位、情系职责、情系客户、情系事业；以真情对待职业，以感情对待客户，以实情对待细节，以激情对待未来；以严肃恭敬和饱满热爱的态度对待从事会计工作的每一天。

第二，“诚”。会计人员必须做到“以诚待人”，做老实人，说老实话，办老实事；会计工作必须实事求是，会计活动必须讲求信用，每一笔会计业务都要做到数据真实、计算准确、信息可靠。

第三，“精”。会计人员应当非常熟悉国家的财经法律、法规、规章制度和方针，熟练掌握并应用会计准则和相关政策，精通会计业务知识，熟练掌握会计方法和操作技能，在规模小的企业中更要做到一岗多能、一专多能，对每一笔会计业务都要做到精细(心)、精准(确)、精进(取)、精制(做)，精益求精是优秀会计的基本职业素质。

第四，“细”。会计业务每一步都环环相扣，不容一丝差错，每一笔经济业务都须经历耐心细致的打磨，要反复检查；细致入微地做好每一张报表和每一笔核算，关键环节更要注重细节。这既是会计人员的职业态度，也是会计人员的职业追求。

第五，“勤”。勤奋实干，以工作为重，做到“四勤四多”，即脑勤多想、耳勤多听、手勤多写、腿勤多跑；勤奋学习，要有强烈的求知欲，向理论学习，向实践学习。在当今的信息化时代，会计从业人员更要把握行业发展动向，不断提高自身的业务能力，时时处处站在行业发展前端。

(四)优秀会计行为文化

行为是会计人员的影子，责人先责己，正己先正心。会计行为文化是指会计行为主体的行为方式、价值取向、动机、行为环境等。会计行为文化是一种显性文化，是会计共同价值观和会计精神的折射，体现了会计人员的工作作风和精神面貌。会计行为文化通常包括会计领导者的行为、会计管理者的行为、会计人员的行为及会计组织的群体行为等。

首先，会计领导者一般是指企业的财务总监。其行为体现在不间断地掌握会计发展的前沿知识和趋势；不间断地深入会计基层，不间断地与相关会计部门及其他部门交流与沟通；不间断地为决策者提供新思想、新建议、新理念。

其次，会计管理者一般是指企业的财务经理(主管)。其行为体现在能够随时了解部门会计人员在不同环境下的会计工作任务，对会计人员的热情和工作积极性进行鼓舞；在会计组织内部塑造和谐健康的文化氛围，激励、严管、关爱、体贴、帮助下属，从而产生会计管理者的聚合力；坚定地执行国家政策和企业财务规划；开拓性地开展会计组织的工作。“干着今天的活，想着明天的事，思考后天的计划，着眼将来的发展”体现了会计管理者的执行力。

再次，会计人员的行为体现在正确处理职业与事业、诚信与操守、当前与未来、技能与人格、平凡与创新的关系，做到算小账、管大事，恪守诚信。会计从业人员行为的基本要求是务实、勤勉、敬业、律己、自省。

最后，会计人员的群体行为是指会计组织的成员在会计组织中工作、学习和娱乐，从而表现出的具有共性的行为活动。会计人员是会计组织的构成因素，会计人员的群体行为决定会计组织整体的协同创新和组织的精神风貌，建设稳定、和谐且充满活力的会计群体组织是高效率开展会计活动的组织保障。

第二节　会计文化的功能定位

会计文化是在一定的政治、经济、道德等社会环境下逐渐形成的一种文化形式，集中反映了会计人员在管理过程中共同创造的价值观念。建设优秀的会计文化，不但符合新形势下会计改革与经济发展的需要，也为会计理论研究拓宽了视野，使人们更好地认识会计的内在规律和发展方向。

一、有助于形成良好的价值观念

培育会计人员的价值观念是财务管理工作的重要切入点，而良好价值观念的形成主要依赖会计文化。会计文化把会计目标和社会责任内化为会计人员的职业精神、职业道德，并形成会计行为准则，使会计的管理与控制深入会计人员的思想。这些内在的以会计价值观为核心的思想观念和会计行为准则，成为会计人员行动的基本规范和指南。

二、有助于提高会计信息质量

会计文化作为一种先进的管理理论和会计实践中客观存在的现象，对会计监督的长期效应有着重大影响，对会计信息质量的提高起着关键性作用。由于会计文化在企业生产经营中具有导向、凝聚、激励、约束等功能，所以，我们要通过会计文化的建设，充分发挥其应有的作用，同时注重培养会计人员的合作精神和创新思维能力，改进和提高会计信息质量。

三、有助于协调会计组织内部之间的关系

会计主体的矛盾主要来源于会计政策的随意性、模糊性和政策外会计事项的处理，因为在这些情况下，会计主体需要进行判断，选择会计原则和方法。对会计主体来讲，会计原则和方法的选择有很大的随意性，会计文化能够弥补会计实践中法律、制度、工作条件等“硬件”的不足，把会计人员的思想和行为引导到会计事业所确定的发展目标上来，以促进会计工作水平的提高。

扫描二维码，获取会计文化之企业文化的相关内容。

拓展学习	学习笔记

第三节　优秀会计文化的育人作用

多年来，我国高等职业教育改革与发展的成效是巨大的。但在注重内涵式发展和人才培养质量提升中，究竟应当培养什么样的人才才能满足经济新常态下社会和企业发展的需求，关系到我国高等职业教育体系中的人才培养理念、整体框架设计、教学内容和教学模式等多个方面。对此，应当在理性思考和判断的基础上，在肯定成绩的同时发现问题，在高等职业教育可持续发展中对人才培养质量进行科学定位。这是历史和时代的要求，也是高等职业教育工作者的责任。

一、问题的提出

2019年以来，教育部在多个文件中明确提出将高职学生的道德教育和职业精神培养作为育人的主线，对此，教育部等九部门印发的《职业教育提质培优行动计划（2020—2023年）》（简称“行动计划”）提出“加强党对职业教育工作的全面领导，推进新时代职业学校思想政治工作改革创新。深化产教融合、校企合作，强化工学结合、知行合一，健全德技并修育人机制，完善多元共治的质量保证机制，推进职业教育高质量发展”。根据上述要求，在对高职会计人才培养与企业实际需求进行理性思考后可以发现，当今部分高职院校会计专业毕业生不能适应企业要求，自身发展潜质较低。学生应有的职业精神、道德和人文素质缺失已经成为影响会计人才培养质量的关键因素，具体体现在以下四个方面。

（一）认识的“盲点”

随着经济新常态下的产业发展和企业转型，企业对会计人才职业精神方面的要求越来越高。通常，现代企业对一名合格会计人才的职业精神培养诉求会高于会计专业知识和会计职业技能的培养诉求。在现实中，企业员工能力发挥与其非智力因素正相关，即职业精神越强，职业能力发挥程度越高。目前，部分高职院校在会计专业学生职业精神培养方面存在明显不足，一味强调学生“会做事”的技能培养，却忽略了“会做人”的职业素质教育，在引导学生不断发挥潜能、树立健全人格和自信等方面有所缺失，从而成为人才培养质量的一大“盲点”。

（二）路径的“堵点”

高等职业教育的发展与改革中，高职院校始终坚持并不断改革与完善人才培养中的道德教育，开设了多门思想品德类课程并将其作为公共必修课。院校的有关部门也开展了多种活动，以不断丰富思想品德教育的形式和内容，如北京市开展“一校一品”德育品牌建设；河北省制定职业教育德育工作评价指标体系；上海市开展“走进上图”“走进大剧院”“走进艺术宫”等活动；海南省通过举办“赏名篇、诵古诗”活动，推动优秀传统文化进校园。这些活动在形式和内容上促进了学生内外兼修，巩固了德育教育效果，但教育的目标和过程缺少系统性、导向性、实效性，在学生职业人格塑造和职业精神养成方面的教育趋于简单化、程式化和表面化，成为高职学生道德教育路径上的“堵点”。

(三)方法的“暗点”

多年来，高职院校都试图在学生的立德树人方面作出创新，也获得了在课程教学内容、形式和方法改革方面的成效。但总体讲，大多数高职院校德育课堂教学低效的问题一直存在。柏拉图曾讲：“教育的主要目的就是要教会年轻人从正确的事情中寻找愉悦。”当前，高职道德教育的主要形式仍是课堂教学，落后的教学模式、过程与方法导致教师和学生都处在一种痛苦的教学环境之中，念经式、说教式、空谈式教学使学生找不到健全人格塑造的“根基”、良好素质养成的“抓手”，使本应成为人才培养“亮点”的道德教育“不亮”。

(四)效果的“失点”

高职会计道德教育的最终效果应体现在学生在成长过程中形成的“软实力”上，即体现在其职业精神、道德素养和职业忠诚等方面的可持续发展上。这是当今社会与企业的需要，是高职会计人才培养质量的标志，也是高职院校和教育工作者的责任。目前，高职德育教育的系统化不够，过程与方法多样化不足，学生及用人单位对教学效果的满意度不高等，使人才培养质量的标准考量陷入误区，并已成为当今高职教育在提高人才培养质量过程中的“失点”。

二、文化冲突的类型表现

(一)“利他”与“利己”

许多优秀企业的企业文化都将“利他共生”作为企业宗旨。当今国家之间、地区之间、企业之间、人与人之间的关系将由“弱肉强食”向“利益共同、互惠共赢”转变。实践结果表明，企业之间和企业内部的成员之间只有通过合作与联合，使自己的存在为他人的发展带来便利，并通过“利他”进而“利己”，相互促进，共同提高，才能共同开辟更广阔的生存和发展空间。目前，在学习、生活与工作中，部分高职学生缺乏“利他”的意识，“利他”的习惯和行为明显缺失，面对问题，被“利己”的理念和方法捆绑，这种过度、一味地“利己”造成了其职业人格的严重扭曲，和优秀企业文化的宗旨相背离。

(二)群体与个体

当今社会讲求“共生共荣”，劳动者的一切社会实践活动无不在联合、合作、协同、共生中完成，而“单枪匹马”和“单打独斗”早已被现代社会所摒弃。在企业调查中也发现，绝大多数企业希望入职者具备的首要条件之一是“融入”的意识和职业素养。在现实社会群体中，“合作”是必备的职业精神。但是，现实中的部分高职学生在生活与学习中的个体意识强，个体行为充斥生活与学习过程，过度的“自我”造成客观上的“不合群”。这种现象具有相当的普遍性。优秀企业文化建设的目标充分体现在营造合作环境，创造合作条件，培养员工的合作精神方面。许多企业在其优秀的企业文化作用下不断增强凝聚力，领导者、经营者、员工在合作中“共享共荣”，体现了优秀企业文化的功能作用。这一点，应当在高职道德教育中有所体现。

(三)发展与现状

“发展是主题”体现了当今信息化社会的潮流和基本要求，在谋发展、求发展的时代中，现代职业人的标志是理想、目标、定位、拼搏和自我实现。但是，部分高职学生可持续发展的软实力不足，意识不强，目标不清，目光短浅，安于现状。优秀企业文化教育员工的“人人头上一方天，个个争当一把手”“一天一件实事、一月一件新事、一年一件大事、一生一件有意义的事”，形象地描述了职业人的职业理想和成长路径，不安于现状，求进步、求发展是高职学生职业精神教育应当把握的重心。

(四)务实与浮躁

“讲真话、干实事”是许多著名企业优秀企业文化的精髓。按照“务实”的原则想问题、做人、行事、求效果，是优秀企业的经营准则。曾任杭州万向集团董事会主席的鲁冠球先生进一步将其归纳为“思路决定出路，作为决定地位，时间检验行为，一切都是人为”，同时以“稳、忍、狠、深、仁”作为“务实干事”的准则，而摒弃“表面浮夸和妄自菲薄”，从而使企业连续 40 多年高速发展。事实证明，“务实”是优秀企业成功的前提，也是优秀职业人成才的职业人格。目前，一部分学生“浮躁”，表现为思考问题“短浅”，做人、行事表面化、简单化，只求形式而不讲内容，只求“一时”而不讲“长远”，这与优秀企业家的品格及优秀企业的成功法则相去甚远。优秀企业文化教育可以塑造学生务实、沉稳的品格，去除其“浮躁”。

(五)创新与效仿

当今的时代是创新的时代，“大胆创新，克难攻坚”既揭示了优秀企业成功之路，又代表了优秀企业家成功的本质特征。在充满“创意、创新”发展的信息化经济社会中，“创新”意味着领先、超前，“创新”才能产生个性化、差异化的思维。创新意识淡薄，“上网查询别人说的话”成为很多学生“想事、做事”的方法，客观上造成了“跟风”的思维习惯。这种惰性的存在很难使学生跟上未来创新时代的步伐。因此，应当以优秀企业文化教育对学生的创新意识和能力进行引导和强力挖掘。

(六)责任与需求

优秀企业在追求利益最大化的同时，更注重企业的社会责任。企业的社会责任包括企业对员工、社会、环境应当作出的贡献。社会责任体现了企业超越利润目标的传统理念，并使之升华为现代企业的价值观。再优秀的企业也是社会的单元，社会责任应是企业存在的前提和安身立命之本。同时，社会责任感越强，企业在社会中的生存环境和条件将越好，发展空间将越大。责任与个人需求是矛盾的统一体，而一味追求“自我的实现”，往往会忽略对他人的责任。会计专业学生的职业精神与优秀会计文化冲突在责任和需求方面的表现是学生的责任意识缺失，“以自我为中心”的“唯我独尊”“唯我独大”的意识和行为，与当今优秀会计文化所体现的职业精神相悖，不利于其自身的可持续发展。

三、优秀会计文化的育人作用

近年来，我国企业在快速发展的过程中越来越重视会计文化建设。“三流企业经营产品，二流企业经营品牌，一流企业经营文化。”优秀会计文化是优秀会计从业人员思想、道德和品质的集中体现，是企业在残酷的市场环境中不断提炼和沉积起来的文化成果，将优秀会计文化融入高职会计专业人才培养过程，可在塑造学生职业精神、树立学生职业形象、养成学生职业行为方面发挥重要作用。

(一)会计文化宗旨能够培养学生的核心价值观

会计文化宗旨也称会计人员的愿景，是指会计人员在发展方向、发展目标和自我设定的社会责任等方面所具备的根本性目的。它明确界定了会计职业应如何发展，是会计人职业发展的本质要素。

高职会计专业学生在学校期间核心价值观的培养应当从对未来生活愿景中领悟人生的目的和价值着手，具有良好的人生宗旨将使学生从定位、目标和路径方面对未来的职业生涯进行理性的判断。由此看来，优秀会计文化的“宗旨”教育可以使学生在良好的人生目标下进行自我规划，在漫长的人生旅途中始终把握前进的方向，在激烈的竞争中永远充满不断进取的精神，在挫折和困境中不至于沮丧和颓废。

(二)会计精神可以激发学生奋发拼搏的意志

“人都要有精神支柱。”在现代企业中，优秀企业家、经营者和员工都有理想，而事业是通往理想境界的桥梁，事业成功的力量来自精神支柱。从心理学的角度来讲，精神支柱能激发强大的驱动力，所确定的目标越远大，实现目标的意志越坚定，内心焕发的驱动力就越大；反之，内心所焕发的驱动力就越弱。有了精神支柱，事业就会有方向，即使困难重重，也会“过五关、斩六将”。

在当今的社会中，学生通常具有一定反映人生的基本态度，即体现精神支柱的意识或潜意识。由于受社会、家庭、人生经历等多种因素的影响，这种意识的形成有一定的正面原因，也有一定的负面原因。客观地讲，部分学生在学校期间尚不具备完整的、理性且正面的思想境界，其“精神支柱”往往或是缺失，或是存在缺陷。比如，学习方向不明、动力不足、努力不够等。也有的学生厌学，在顶岗实习等企业实践中做不到在工作岗位苦干、肯干和实干。浙江省众多民营企业以浙商文化为主线，以企业艰苦创业的历程激发了一代又一代职业人奋发向上的精神风貌，这种体现浙商文化精髓的精神使现代企业内部的不同成员产生了共同的愿景、目标和驱动力，使企业的生产经营过程更加人本化。这种建立在优秀企业文化基础上的员工职业素养、品格和精神的养成，构成了现代企业多元主体的文化共融。优秀企业文化的典型案例教学，可以使学生领悟前辈的创业艰难，培养自身良好的精神境界。

(三)会计行为可以塑造学生的优良品质

会计行为是会计文化的行为层，通常指会计人员在一系列会计活动中产生的文化现象。它是会计精神的动态体现，是会计人员的价值观、管理风格、行为规范和文化的价值取向。

经过多年的学生生活，大多数高职学生具有较好的行为规范，能够按照院校的规定和社会公共道德约束自身的行为，从而表现出我国新一代大学生的风貌。但是，在作出上述褒奖性结论的同时也必须认识到，部分高职学生在把握自身良好行为的问题上仍然存在是非模糊、随意性强的现象，有的甚至将“公”“私”倒置，做出各种非理性的行为。优秀企业文化强调知行合一，将“读万卷书、行万里路、交万人友、创万年业”作为企业行为的真谛。优秀企业行为教育可以使高职学生在感悟优秀企业中的众多前辈品行的同时，不断提升自身的学习力、实践力、公关力和创新力。

(四)会计道德可以树立学生社会公认的做人标准

会计道德是指规定特定的会计伦理学体系的性质及全部内容的基本倾向，是对规范会计伦理学和应用会计伦理学从抽象简单到具体复杂的推理论证的前提理论的把握。优秀会计文化中的会计道德强调“利他共生”，强调企业忠诚，强调社会责任，强调真诚待人。可以认为，优秀会计文化所彰显的道德水准体现了社会公认的做人标准，在当今高职院校部分学生道德品行缺失的情况下，会计道德教育使高职院校思想品德教育有了新的载体和抓手。

四、会计文化引领下高职学生职业精神培养体系的构建

(一)从人才素质整体提升的层面认清优秀会计文化育人的必要性

在现代工业文明高速发展的时代，符合时代特征的职业精神体现了技术理性和价值理性的统一，也适合作为同世界文明接轨的桥梁和纽带。现代社会所需要的职业精神是现代职业教育的价值取向，适应现代社会生存和发展的职业人不应只是“技能人”，优秀企业文化中的“德才观”都明确并直接表述“有德有才者绝对重用，而无德有才者企业坚决不用”的“德为先”的用人理念和原则。因此，企业需求与职业教育“立德树人”的办学宗旨是一致的。对此，高职会计教育应根据自身的特点不断探索和实践以优秀会计文化教育为途径的“立德树人”育人规律，将高职道德教育做实、落地，在“德为先”的育人理念下培养社会和

企业需要并认可的人才。

(二)从职业教育改革与发展层面认识优秀会计文化建设的本质

根据教育部发布的“行动计划”的有关要求，高职教育要将职业技能和职业精神相融合地放在重要的位置，提出“加强职业道德、职业素养、职业行为习惯培养，职业精神、工匠精神、劳模精神等专题教育不少于16学时”，充分发挥校园文化对职业精神养成的独特作用。未来社会和企业需要的技术技能型人才，已不仅体现在实践型、操作型、技能型，现代信息化、工业化、智慧化社会需要创新驱动下的创新型、智慧型、生态型和卓越型人才。对此，优秀会计文化中的精神文化、行为文化、历史文化将赋予人才良好的职业人格和道德素养，使其具有强大的学习力、执行力、创新力、发展力和公关力，从而体现优秀会计文化教育在职业教育改革与发展中的功能定位和本质作用。

(三)从优秀会计文化功能层面把握高职道德教育

高职道德教育的目标是使学生树立理想、具有精神、为人忠诚、善于合作、能够坚守。优秀会计文化的本质功能恰恰是使企业会计人员产生强大的精神力量，在优秀会计文化力的凝聚下，会计人员将心怀高远的宏大志向，具有勇于开拓的创新精神、百折不挠的坚强意志、勤奋务实的工作作风，从而使企业“长青”。高职学生在优秀会计文化的熏陶和教育下，将树立良好的职业精神和素养，以特有的持久力、驱动力、发展力、创新力，以及忠诚度、可信度和利他观，在未来的事业中不断成长和发展，这也是高职道德教育教学改革应当把握的核心。

(四)从系统建设的层面构建优秀企业文化育人体系

1. 让优秀会计文化教育进入会计人才培养方案

目前，国内多数高职院校会计专业均未开设“会计文化”课程，与优秀会计文化教育的功能定位和本质作用相去甚远。教育者应在针对优秀会计文化教育的育人功能方面取得共识的基础上，进行有针对性的整理和归纳，使之独立成为德育教育课程，并不断改革与创新教学方法，使课程教学收到“奇效”。

2. 将“立德树人”融入会计人才培养全过程

在育人实践中以优秀会计文化教育为核心的“立德树人”教育不是某一门课程的课堂教

学及其教学效果所能实现的，这应当贯穿会计人才培养的全过程。高职会计教育在培养技术技能型人才的过程中，应当根据职业特点的不同，使优秀会计文化具有相关职业的特征，使之成为职业文化教育。在实施中，应当将职业基础课程中的知识技能的工具性和精神性相统一，每门课程均体现优秀企业文化下的职业精神和素质教育，坚持知识学习、技能培养与品德修养相一致，将职业情感和态度与价值观确定作为课程培养目标，在每个教学环节中融入职业精神的培育，既满足学生个性化的需求，又为学生职业生涯的发展奠定基础。

3. 营造校园文化，使两种文化教育互融

在多年实践中，国内许多高职院校非常重视校园文化建设，有的被列入国家或省示范校、骨干校建设项目。但应当明确提出的是，文化建设历来体现了企业(院校、军队、其他组织)的宗旨、精神、道德和行为，尤其体现了领导者的意志和理念，具有传承性，是多年实践和沉积的成果。因此，文化建设不能只依靠所谓“专家”，或单纯强调以“口号”“橱窗”为代表的文化宣传形式。借鉴成熟的优秀企业文化，在优秀企业文化进校园、进课程、进教材、进人才的培养过程中建设校园文化，使两种文化教育互融并相互补充，各显优势和特色，将是“立德树人”教育的有效途径。

扫描二维码，获取本章小结。

本章小结	学习笔记

第二章
会计历史与文化

第一节　会计历史发展历程

一、我国会计历史的发展历程

我国会计的发展历史非常悠久，最早可追溯到原始社会末期产品与产品间的交换，在奴隶社会出现了货币，在封建社会出现了职能一致的会计称谓。在半殖民地半封建社会时期我国会计制度得以初建，在中华人民共和国成立之初建立了完整的会计制度，并在改革开放以后取得了会计事业的飞速发展。

(一)原始社会的会计发展

在原始社会的末期，人类社会的生产力不断提高，生产物品的数量逐渐增加，剩余产品也随之产生。剩余产品的产生削弱了原始民主制，财产私有化出现，产品互换行为产生，以交换商品为目的的生产愈发频繁，商品货币关系出现，促使计算数量行为、交换计量方法等均发生变化。原始社会文化的多元化使原始社会的会计计量方法有着多样化、个性化的特征。

原始社会的会计计量行为大致分为三个阶段：一是产生阶段，是由无意识的记录行为发展成记录、确认经济活动数量的阶段；二是发展阶段，是将简单的数据记录在身边物质上的改进阶段，这个阶段产生了实物计量、绘画计量、结绳记事、刻契记事等方式；三是完善阶段，是逐步实现数字计量的转化阶段，出现了规范性的计量符号。

(二)奴隶社会的会计发展

夏朝作为中国历史上第一个奴隶制王朝，开创了国家财政的先河，并建立了相应的官职管理征收的赋税，会计行为也得到了相应的发展。因此，夏朝是我国政府会计的起点。

商朝已具备较完备的文字系统，出现了甲骨文和数字体系，出现了实物度量衡和度量单位，出现了货币“贝”，用以记录支出、收入及经济对象的内容，包括农产品成果、奉供物品的来往、物品交换等。商朝形成了数码 1 至数码 10，采用了十进制计数法。

西周时期会计制度初具规模。在制度管理方面，建立了国家行政管理制度，出现了司会及其所属部门作为独立考察国家财会的职官系统，设立了宰夫作为会计考核专职官员，形成了国家财政收入和支出项目体系。在货币计量方面，完成了货币从流通手段职能到价值尺度职能的演化，开始发挥计价的作用。在会计方法方面，出现了反映资产增加或减少并进行结算的“三柱结算法”，利用收入、支出、盈余三者之间的相互关系进行记录和结算；出现了采用以“出”“入”为记账符号的官厅入出记账法；出现了以“收”“付”为会计符号的民间单式收付记账法。

扫描二维码，获取管仲理财思想的相关内容。

拓展学习	学习笔记

(三)封建社会的会计发展

随着封建君主制逐步取代奴隶制，会计有了新发展。在制度管理方面，理财家也从不同方面论述并明确了会计在国家理财中的作用，确定地主身份的管理层级，形成了自由商人阶级。在货币计量方面，货币量度有了较多地使用。在会计方法方面，确定“会计”的命名，有关会计的各个要素在这个时期基本形成，在官厅会计中以“入”“出”作为记账符号已基本确定。会计记录也开始从文字式叙述向定式简明会计记录方式过渡。

秦汉时期会计发展开始呈现鲜明的特色，并在全国得到统一和迅速发展。在财会组织和制度建设方面，秦王朝设立了财计机构建制，西汉时期发展成从中央到地方较完整的财计系统。在会计簿书登记方法方面，烦琐的文字描述形式发展成以“入”“出”为会计记录符号的定式简明会计记录方法，奠定了“入出”之制会计记录形式的基础。

魏晋南北朝时期的社会处于分裂和变化中，在会计发展方面，创建了记账制度并扩大了应用范围，其主要特征是书写工具向纸张方向发展。

隋朝统一中国后大大推进了会计的发展速度。在财计组织建设方面，构成了一个比较完善的财务会计组织系统，进行明确的职能分工，如在“六部”的分工下，“度支”一部及其所属度支、仓部、左户、右户、金库、库部六大职能。在财计制度建设方面，隋朝的户籍、记账、度量衡、仓储等制度产生了会计账簿的分类设置和财物的核算功能。

唐宋时期是我国封建社会的鼎盛时期，商品经济的大发展促进会计制度得到前所未有的发展。在组织建设方面，唐朝建立了三省六部制度，专门设立了“度支部”，宋朝则出现了“总计司”“会计司”职位。宋朝明确了对经济活动和会计监督的标志，专门设立“审计司”。在制度建设方面，如预算、户籍、上计、计账、出纳、会计报告、财务保管、审计制度等，规范逐渐严格。在会计方法方面，创立和运用了“四柱结算法”。会计账簿设置基本结构，分项目编制的会计报告也有了现代会计报告的基本轮廓。

元代是承袭汉制的经济恢复时期，在财计方面没有长足的进步和发展，基本沿用唐宋时期的财计制度。

明朝继承了唐宋时期的财计制度和会计方法，同时也改进了财计制度，如“四柱结算法”、定式简明会计记录法、简明会计分析、会计报告编制等，使单式簿记的方法体系更加完善，同时出现了“三脚账”和“龙门账”。“龙门账”以“进缴存该”为主要记账格式，标志着我国财计制度从单式簿记阶段进入了复式簿记阶段。“龙门账”将记账方式划分为进、存、缴、该四大类。“进”指全部收入的账目，“存”指资产和债权的账目，“缴”指全部支出的账目，“该”指负债和业主投资的账目。其关系是“进＋该＝缴＋存”，也就是“进－缴＝存－该”。从利益的角度来讲，在结账的时候“进”大于“缴”或“存”大于“该”，即体现为盈余。

清朝是资本主义萌芽的初期，会计从凭证、账册到报表都有所创新，“四柱式计算法”广泛应用于会计结算和官吏新旧交接。在西方列强侵入中国后，外国会计制度与方法开始影响中国会计。洋务运动创立了官办企业后，在归国留学生的影响下，外国会计知识传入我国，官办企业开始改良会计制度和方法，民间固有的“四脚账”复式簿记也得到了广泛发展。

（四）半殖民地半封建社会的会计发展

鸦片战争以后，西式复式记账法传入中国，清朝的财计组织因西式会计法的影响而发生变化。我国使用借贷记账法，始于1908年大清银行创立之时。

清朝灭亡后建立的北洋政府和国民政府，在会计制度方面基本采用西方财会制度。在财计组织设立方面，“财政部”这一名称被北洋政府首次使用，明确国家财政会计由财政部掌管，其主要核算功能由会计司完成。在会计法制方面，开始了中国会计法治化的进程，我国历史上第一部《会计法》和《审计法》得以制定。在会计方法方面，改良簿记开始形成，拟定普通的官厅用簿记，统一了会计账簿、会计科目、账簿登记、内部会计凭证、报表编制、会计报表等格式，使中国近代会计走上组织化、制度化、规范化、学术化的道路。

（五）中华人民共和国成立之初的会计发展

中华人民共和国成立初期，为了恢复国民经济，在我国的政治制度是民主集中制的前提下，国家采取统一财政的方针，并在苏联的影响下建立了高度集中的计划经济体制。在会计体制建设方面，我国的会计体制与世界会计体制有所不同。我国根据苏联的会计组织建设，设立了会计制度处，具体负责统一会计制度的建设工作，高度统一了企业会计制度和预算会计制度，规定了国家预算的组织体系，各级政府的预算，各级预算的编制、审查、核定、执行程序，决算的报批与审定程序。在会计法规方面，制定了一系列会计行政法规，旨在规范会计管理体制。当时没有资产负债表、利润表、现金流量表和股东权益变动表，这是计划经济特有的会计模式。在会计理论方面，讨论了一些会计基本理论问题，批判了西方和旧时代的会计政策。在会计教育方面，建立了适应计划经济的会计学科，发展了计划经济下各行业会计核算操作方式，培养了熟悉计划经济运行模式的会计人才。

在特殊历史时期，由于国家动荡，经济停滞不前，会计事业发展也陷入低潮。中华人民共和国成立初期我国会计的发展大致经历三个阶段：一是全面否定阶段（1950—1956年），我国会计制度全面否定西方会计，全面推行苏联的会计理论和实务；二是资金运动阶段（1956—1966年），我国会计理论体系以“资金运动论”为核心；三是破坏倒退阶段（1966—1977年），会计理论体系因被破坏而倒退。

(六)改革开放以来的会计发展

改革开放大力发展国民经济，国家以经济建设为中心。为适应改革开放的经济发展需要，促使改革了一系列的企业会计工作和预算工作。在这一时期，会计的发展大致经历了以下三个阶段。

1. 法治建设阶段(1978—1989 年)

伴随着改革开放政策实施、政治制度改变、经济制度变化，会计发展了两大主流学派，一个是信息系统论，另一个是管理运动论。在制度建设方面，我国颁布了《企业财务通则》和《企业会计准则》，以及一些行业会计制度等会计方面的部门规章，适应了市场经济改革的基本需要，实现了计划经济会计模式向市场经济会计模式的转变。1985 年，《中华人民共和国会计法》的颁布，既符合经济发展的需要，又加强了会计法治建设。

2. 转变发展阶段(1989—2000 年)

随着我国对外经济贸易往来的不断扩大，在会计管理方面，需要集中力量研究适合我国国情的会计准则和会计理论方法体系，建立能与国际会计管理接轨的会计方法体系。会计电算化事业也随计算机技术的引进而产生和迅速发展起来。同时，随着对外经济贸易的发展和外国投资的增加，注册会计师事业也得到了恢复和发展，我国会计也逐步迈向国际化发展方向，逐步对外开放会计市场。为了规范注册会计师事业的发展，我国于 1994 年颁布了《中华人民共和国注册会计师法》。

3. 国际接轨阶段(2000 年至今)

这一时期的会计理论研究也有了更深入的发展，特别是我国的会计制度在我国加入 WTO 以后逐步与世界接轨，对一些会计基本理论问题有了新的认识。为了满足市场的需求，我国部分会计从业人员考取了美国、英国等西方国家的注册会计师证。

伴随着经济的蓬勃发展和改革开放进程的加快，我国的会计教育制度也进行了改革，建立并完善了新型会计人才教育培养体系。大学的专业中增加了国际会计、注册会计师等专业。虽然我国会计立法、会计程序、会计制度中仍有待完善的地方，但是我国的会计事业一定会跟随经济蓬勃发展。

扫描二维码，获取有关“会计”演进的相关内容。

拓展学习	学习笔记

二、世界会计历史的发展历程

(一)初步体现阶段

1605年出版的荷兰数学家西蒙·斯蒂文的《数学惯例法》是对会计发展历史的追溯。卢卡·帕乔利的《算术、几何、比与比例概要》中计算和记录详论(通称“《簿记论》”)是公认的第一本系统地阐述复式簿记原理与方法的经典著作。《簿记论》是近代会计的奠基之作，具有里程碑的意义。这本书让非会计从业人员很容易地了解商人如何管理自己的账户。《簿记论》用浅显易懂的语言描述了商人如何记账，如何通过记账来管理自己的资产。16世纪至17世纪，荷兰、法国、德国等国应用并发展了意大利的复式簿记理论与实务，在欧洲开创了世界会计发展史上的“卢卡·帕乔利时代”。

中世纪的商人一般使用三本账簿，分别是录账簿、备忘簿和分类账簿。录账簿是一本私人账簿，使用者主要是商人自己，类似于现在的股东权益变动表；备忘簿一般是用来记录家务费用，这本账簿主要是商人给其他使用者看的，因为记录了一定时间段的收入情况和费用情况，所以在给他人看之前，商人或者他的助手会验证所有账簿，就像现在进行的内部审计，这本账簿是按时间顺序记录的，初步体现了会计基本原则中的会计分期假设和及时性原则；分类账簿就是把某一时期的账户集中在一起，这个账簿有两个特点，一个是日期的准确性，另一个是体现“有借必有贷，借贷必相等”，类似于现在的汇总表。帕乔利通过公式“一个人的所有财务＝此人所有权的总值”，明确阐述了产权和财权的关系。

科目所含的内容具体、复杂是中世纪记账的最大特点，商人记账会把所有信息非常细致地记在一个分录里。在记录商人新购进的资产时，记录情况如下：“我有存货，牛毛毯，A张，重量B磅。”记账人员必须保证账簿所记录内容的真实性和客观性。

(二)发展巩固阶段

英国在18世纪巩固了公共会计师事业，并在复式簿记原理、早期成本会计审计方面进行了探索，形成了“英美式会计”流派。德国在19世纪初与英国、美国分庭抗礼，成为“大陆式会计”的创始国。西欧大陆国家会计方面的发展体现在会计理论研究与方法处理应用上。

(三)体系完善阶段

20世纪以后，伴随着资本主义市场经济发展中心的转移，世界会计中心也随着资本主义市场的转移，从西欧包括英国转移到了美国。随着二十世纪五六十年代“泰罗制”和科学管理理论的产生，管理会计从财务会计中脱颖而出。“管理会计”这个专门术语在1952年世界会计师联合会上正式通过。此后，管理会计和财务会计正式成为企业会计的两大领域。

扫描二维码，获取我国会计发展历史的相关内容。

拓展学习	学习笔记

第二节　古今中外会计名人

一、奠基会计的“六君子”

(一)会计始祖——大禹

人类的秩序最根本的还是与钱有关，最终表现为会计问题。大禹继帝位后，为了公益事业的发展，构建了最早的国家税赋制度，随之诞生了会计工作。而后中国历史乃至世界历史上第一次“会计大会”在如今的绍兴会稽山(原称“茅山”)召开，大禹集合全国的诸侯，考评九州诸侯的业绩，并根据业绩加爵计功，类似如今的绩效考核、干部提拔。大禹治理水利的同时，创立了会计审计制度。

大禹“庆功会”后功成身死，就地埋葬在茅山脚下。为纪念大禹及其主持召开的会议，诸侯们研究决定将茅山更名为会稽山。“大会计，爵有德，封有功，更名茅山曰会稽。会稽者，会计也。”(《纲鉴易知录》)。这是关于中国会计的最早史实，也是世界会计文明的源头。会稽的“会”指综合算之，“稽”指审计监督。

(二)伟大的仓库保管会计——孔子

孔子在其母亲去世之后家道中落，他又没有资格承袭官爵。少年孔子做过很多贵族子弟不屑的杂活，如打柴、挑担、推车、扫地、洗衣等，而后在鲁国权臣季孙氏家里谋得一份委吏工作。委吏即管理仓库的会计。孔子勤勉尽责，充分展示了自己的能力。无论是料量升斗的实物，还是会计出纳的记录，全部做得真实有效、井然有序。《孟子·万章下》记载：“孔子尝为委吏矣，曰：‘会计当而已矣。’”一个“当”字，将“应当、适当、正当、得当”等会计本质属性全部涵盖在内。

(三)中国注册会计师第一人——谢霖

晚清时期，英美人士克佐时、薛迈罗克、汤笙、达利等在上海建立了西方会计师事务所，主要服务洋行、盐务、铁路、邮政、江海关、私营工商企业。民国政府成立后，会计事务受制于外国列强，会计纠纷的不公正现象增多，非常需要中国人自己的会计师事务所，于是就有了“中国注册会计师第一人”谢霖。

谢霖年少时攻读日本明治大学商科，于1909年获商学士学位。谢霖于1918年6月上书财政部、农商部，建议设立“中国会计师制度”。农商部认为谢霖的申请有利商民，委托谢霖起草了《会计师暂行章程》。于是，谢霖与秦开等人在北京、天津分别设立正则会计师事务所，执行公共会计师业务。正则会计师事务所因此成为中国第一家执行公共会计师业务的会计师事务所，谢霖也成为中国历史上第一位注册会计师。

而后谢霖在上海设立正则会计师事务所。上海工商业发展迅速，事务所赢得上海工商界、金融界的信任。事务所先后在济南、南京、广州、成都、长沙、重庆等城市设立30余处分所，并且开办正则会计补习学校，培养初级和中级会计人才。

谢霖以钱庄、票号的中式账为对象，开展理论研究，将收支单式记账改为借贷复式记账，并分批对交通银行、大清银行的会计人员进行培训。谢霖在交通银行和大清银行的会计改革一举成功，赢得了全国工商企业的争相效法，使中国记账由传统的单式记账向科学的复式记账迈出了关键的一步，并为借贷复式记账法在中国的运用奠定了坚实基础。其著作有《中国之会计师制度》《会计学》《改良中式会计》《簿记学》《实用银行会计》《现行公司法要义》等，并与孟森合著《银行簿记学》。

谢霖对事务所的工作人员教诲：一定要遵守法律法规，要学法懂法，办事要持公正态度，不应虚伪呈述，不能稍涉偏私。要以单据、账册为依据，严格遵守职业道德。1933 年，山西省政府修建同蒲铁路，谢霖审慎开展调查研究，精心设计会计制度。经过一年多的调查研究，谢霖将会计科目、凭证、账册、报表系统化和规范化，实施效果显著，得到国内铁路界会计专家的高度赞赏。谢霖承办管理咨询业务、履行会计顾问职责亦很出色。1944 年，重庆民生公司作为中国实业界代表出席美国国际通商会议，与加拿大代表谈妥以 1 275 万加元购买九艘轮船的国际贸易。谢霖向加方索要预算方案、造价单进行会计审核，发现加方定价超过美国国际造船价格标准，加方同意降低 150 万加元。谢霖的出色表现让外国代表非常佩服，随后美国加利福尼亚州立大学授予谢霖名誉博士学位。

(四)注册会计师的精神导师——顾准

1927 年，顾准经小学教师推荐，并经潘序伦的留美同学介绍，进入潘序伦主持的立信会计师事务所当练习生。顾准前后在立信会计师事务所工作了 14 年。他从刻蜡纸、印讲义、改课卷、夜校讲课、担任夜校部主任，到担任事务所稽核员、之江和沪江等几所大学兼职教授、撰写会计学著作、开展注册会计师工作。

顾准 16 岁成为立信会计补习夜校的教师。虽然年龄不大，但他已经是立信会计师事务所出类拔萃的人才。顾准 19 岁编写了他的第一部会计专著《银行会计》(商务印书馆出版)，并以此为教材应聘到上海法学院、圣约翰大学、沪江大学等校授课。顾准教课深入浅出，理论与实务紧密结合，深受学生们欢迎。

由于受“实业救国”思潮影响，民族工商业蓬勃发展，传统簿记上收下付、项目又颇为简略的中式簿记，难以面对日趋繁复的财务资金活动。因此，我国会计界展开了是否以科学的西式会计取代传统的中式簿记的讨论。一方代表是改良中式簿记派的徐永祚，另一方代表则是支持引进西方会计的改革派顾准。顾准投身簿记改革与改良的论争，开中国会计国际化风气之先河，是会计革新运动的主将和先锋。

顾准是先进思想的承继者与捍卫者。顾准在上海解放后掌管上海这座东方大都市的财税工作，担任了上海财政局局长兼税务局局长。他对如何恢复工商企业生产经营、如何征收税款等问题见解独到。顾准根据中华人民共和国成立初期上海的现状和自身丰富的专业经验，主张依法查账征收。

顾准是苏式会计的质疑者与颠覆者。顾准认真研究我国沿用的苏式会计，提出“资金会计”只满足国家财政监督和控制企业流动资金的基本要求，提出社会主义的企业会计体系不仅仅是经营基金循环的计算体系，也是成本和利润的计算体系，更要满足企业经济管理和会计实践的需要。

顾准是终身学习的倡导者与践行者。他沿波讨源，不断学习，点亮真理，为中国引入市场经济作了理论准备。

(五)“三位一体”组合链创始人——潘序伦

潘序伦于 1927 年 1 月在上海爱多亚路(今延安东路)39 号创办潘序伦会计师事务所(后改名立信会计师事务所)。该所初创之际，只聘用了 1 名助理人员。随着业务的迅速发展，该所到 1937 年已拥有工作人员 70 多名。潘序伦将其深厚的西学功底和中国实际相结合，推进了 20 世纪前期中国会计的现代化、国际化改良。

潘序伦书写了中国现代会计史的崭新一页，创设会计师事务所，推进会计职业教育，推广应用“新式簿记”。潘序伦创建的“实业组合链”既是培养中国现代会计人才的基地，又是先进会计理论与方法的孵化器，更是会计实务创新与发展的平台，创造了现代会计“三位一体”的自主创新运营模式。潘序伦的结构性、系列性、创新性发展模式雕刻在中国现代会计史永不褪色的首页上。

潘序伦将诚信文化熔铸为“信以立志，信以守身，信以处事，信以待人”的思想信条，揭示了会计职业存在的前提，为后世注册会计师树立了人文标杆。潘序伦熟稔王安石语录：“合天下之众者财，理天下之财者法，守天下之法者吏也。吏不良，则法而莫守；法不善，则有财而莫理。”意思是满足大众意愿的，就是财；要想理好财，必须先设计制度；而有了好的制度以后，还必须由公正无私、忠于职守的专业人员来执行。潘序伦为中国会计的传承与发展贮备了丰富的人才资源。由潘序伦创办的立信会计学校培育的会计才俊遍布全国各地和世界多个国家与地区。

潘序伦著述甚丰，出版专著、译著 30 多部，学术论文百余篇，逾千万字。其代表作包括《基本会计学》《立信会计丛书》《公司理财》《高级商业簿记教科书》等，于中国会计学术而言，起到了重大启蒙与传播作用。

(六)会计审计实务“火苗播种者”——徐永祚

徐永祚毕业于浙江高等学堂和上海神州大学经济科，毕业后在天津中国银行担任实习生。他曾任上海《银行周报》编辑、主编职务，曾担任银行公会书记长，而后担任上海证券物品交易所会计科长和常务理事，后转任上海市参议会参议员，先后担任复旦大学、上海商学院、光华大学、上海神州大学教授。

徐永祚于 1921 年获得会计师证书并执业，在上海设立徐永祚会计师事务所(抗战时改称正明会计师事务所，中华人民共和国成立前民族品牌“四大所”之一)，并举办会计培训班，普及新式簿记知识。在徐永祚的家乡海宁，以《改良中式簿记》为教材，办起了会计补习班。徐永祚在 30 多年的会计生涯中，培育了大批财务会计管理人才。

在工商企业流行中式簿记之时，徐永祚编著《改良中式簿记》一书，出版后颇受工商企业欢迎。徐永祚所创的收付记账法，在税收会计、商业会计领域沿用至 20 世纪 90 年代。1933 年 12 月 24 日，徐永祚在上海市发表了盛况空前的改良中式簿记演讲，举办改良中式账簿表单展览，陈列账簿表单共四五十种，参加者竟有万人。

徐永祚创办的正明会计师事务所下设三个部门，分别是计核部、训练部和出版部，分别承办查账、会计制度设计和出版会计刊物等事务。为了实践中式会计改良的构想，徐永祚在南洋兄弟烟草公司等企业试点。经徐永祚设计指导，实行改良中式簿记的企业不下 400 家。徐永祚创办《会计杂志》，介绍国内外财会管理知识和经验，开展改良中式簿记的宣传和会计学术研究，创立了理论与实践相结合的会计改良之路。徐永祚撰写了大量著作和论文，影响较大的有《改良中式簿记概说》《英美会计师制度》《决算表的分析》《所得税与会计》等，在丰富中国会计审计学术、改良中式会计方面发挥了重要作用。

二、精通会计的“五文豪”

我国社会发展历史上的文学家队伍不仅文采出众，而且很多精通会计、善于理财。

(一)量入为出的散文家——曾巩

曾巩是唐宋八大家之一，也是中国北宋时期著名的散文家。曾巩是北宋古文运动的支持者和参与者，以散文见长，也擅作诗。曾巩不仅文采出众，对会计也非常精通，他曾写《经费议》一文，论述了量入为出、开源节流对经济生活的影响和重要性。宋神宗看后对其给予了高度评价。曾巩认为，“用之有节，则天下虽贫，其富易致也；用之无节，则天下虽富，其贫易致也”。曾巩在议论经费时，不是空洞地进行说教，而是采用了因素分析法，对景德、皇祐和治平三朝费用开支情况进行了对比分析。曾巩作为一个文学家，其在会计上的造诣很不一般。

(二)增加百姓财源的文学家——苏轼

苏轼是中国宋代文学家、书画家。苏轼文学造诣很深，诗、词、散文、书画等无一不精，脍炙人口之作甚多。苏轼曾著《省费用》一文，其主旨大意与曾巩的《经费议》大致相同。苏轼认为国有三计，“有万世之计，有一时之计，有不终月之计”。凡“计”均应以费用为中心，费有计，则国安。如能节天下无益之费，使国有储备，则无大患难。苏轼通过理论分析，阐述了节约费用开支对国家的好处和意义。在苏轼为官的生涯中，他都能以会计的思维和理财的方法为当地的百姓增加财源，提高人民的生活水平。

(三)节约支出的散文家——苏辙

苏辙是中国北宋散文家，与其父苏洵、其兄苏轼合称“三苏”，位居唐宋八大家之列。元祐初年，苏辙与户部尚书李常等人主编了《元祐会计录》三十卷，并为该书作序。苏辙认为，凡节冗官，精士卒，克众用，便国富有余。若冗员充积，国用奢侈，积糜耗多，便会导致财匮不给。《宋文鉴》卷八十七记载，苏辙在《上皇帝书》中以“去冗”为主题，发表了自己关于节约费用支出的看法。苏辙认为，害财者三，一曰冗吏，二曰冗兵，三曰冗费。而要做好会计核算工作，做到节约支出，就必须“以简自处，而以繁寄人。以简自处，则心不可乱。心不可乱，则利至而必知，害至而必察。以繁寄人，则事有所分。事有所分，则毫末不遗，而情伪必见”。即在会计工作中手续、程序要简便易行，账簿设置要少而精，冗员冗费减少了，才能节约支出，使机构运行合理有序。

(四)“四柱清册”的文学家——黄庭坚

黄庭坚是北宋文学家、书法家，为苏门四学士之一。黄庭坚到湖北去访友，在去荆州的路上，正好邂逅自己八年未见的老朋友李辅圣，心里异常激动。黄庭坚赋诗一首相赠，诗中以会计的有关知识和老友叙旧，并和老朋友开了个玩笑。此诗诗名《赠李辅圣》，记载在《黄山谷年谱》一书中。诗的全文如下：“交盖相逢水急流，八年今复会荆州。已回青眼追鸿翼，肯使黄尘没马头。旧管新收几妆镜，流行坎止一虚舟。相看绝叹女博士，笔研管弦成古丘。”诗人这里运用了在宋朝官厅会计中常用的会计核算法——“四柱清册法”的知识和老朋友李辅圣叙旧。诗中涉及的“旧管、新收”本是“四柱清册法”中四柱中的二柱，其他二柱为“开除”和“实在”。“四柱清册法”始于唐朝，盛行于宋朝，是一种重要的会计核算法。在当时来讲，其先进程度远远超过西方。“四柱清册法”写成公式为“旧管＋新收＝开除＋实在”或“旧管＋新收－开除＝实在”，相当于今天的“期初余额＋本期增加额＝本期减少额＋期末余额”或“期初余额＋本期增加额－本期减少额＝期末余额”。这也充分说明了黄庭坚对“四柱清册法”是十分精通的。

(五)计量收支的文学家——辛弃疾

辛弃疾所作的词在数量上超过了很多前辈和当时的作家，其词风格多样，以豪放为主，他与苏轼并称“苏辛”。辛弃疾晚年仿效晋代隐士陶渊明，过着恬淡、舒适的田园生活。“万事云烟忽过，百年蒲柳先衰。而今何事最相宜？宜醉宜游宜睡。早趁催科了纳，更量出入收支。乃翁依旧管些儿，管竹管山管水。”这首词见于《稼轩长短句》卷十，《西江月・示儿曹以家事付之》。它基本上反映了辛弃疾晚年的生活和心境。这首词的下半部，以掌管家事而悠然自得，以计量收支而称心自娱。词中所用“出”和“入”乃当时官厅会计所用的记账符号，“收”和“支”乃民间会计常用的记账符号。辛弃疾将之用到自己的词中，别有一番新意。

三、发展会计的“十二家”

(一)会计管理学派创始人之一——阎达五

阎达五 1929 年出生于山西省祁县，1947 年入私立北平华北文法学院的法律系和经济系学习，1949 年年初进入华北大学(中国人民大学前身)。中国人民大学正式成立后，阎达五作为该校会计专业的创始人之一，一直从事会计教学和科研工作，是我国会计管理学派的创始人之一。1960 年至 1963 年，他作为中国会计专家赴越南讲学，评价甚高；1986 年 11 月，他应邀参加了在东京召开的日本国际会计研究会议，并作了学术报告，到早稻田大学、亚细亚大学作了专题报告。1980 年，他与杨纪琬教授合作，在中国会计学会成立大会上发表了题为《开展我国会计理论研究的几点意见——兼论会计学的科学属性》的学术论文，第一次明确提出了会计管理的概念。接着他们又连续发表论文和专著，进一步阐述和论证会计管理理论，在我国会计学界和会计实际工作者中产生了重大影响，并引起国外会计学者浓厚的兴趣。

(二)新会计学科体系主要创始人——娄尔行

娄尔行 1915 年 7 月出生，1937 年毕业于国立上海商学院会计系，同年赴美国密歇根大学企业管理研究生院深造，1939 年毕业，获企业管理硕士学位。学成回国后，他立志报效祖国。1939 年至 1949 年，他先后在国立上海商学院、私立光华大学、国立临时大学任讲师、副教授和教授，1950 年起先后在上海财经学院、上海社会科学院和复旦大学等学校任教授，担任上海财经大学会计学系主任。娄尔行教授先后担任过上海市会计学会副会长、中国会计学会副会长、中国审计学会副会长及顾问、中国成本研究会顾问、上海大华会计师事务所董事长、财政部会计准则中方专家咨询组成员，还受聘担任江西财经大学、浙江财经学院等院校的兼职教授和顾问。他是我国当代最有影响的会计学家之一，是新会计学科体系的主要创始人，为推动中国会计理论的发展作出了重要贡献，在国内外会计学界享有很高的声誉。

(三)社会主义会计制度的奠基人——杨纪琬

杨纪琬教授 1917 年 11 月出生，1935 年考入国立上海商学院会计系，1939 年大学毕业后留校任教，并攻读中英庚款基金会的在职研究生。1949 年 11 月调入财政部工作，任会计制度司(后改名为“会计事务管理司”)副处长、处长，1957 年任副司长，1980 年任司长，1985 年任顾问，在会计司前后工作四十年。1982 年，由财政部授予其高级会计师专业技术职称。1983 年，被国务院学位委员会评为博士研究生导师。1989 年，被编入《中国名人大词典(现任党政军领导人物卷)》；1991 年，被中外名人研究中心编入《中国当代名人录》；1990 年，被编入《当代中国社会科学学者辞典》和《中国当代经济学科学者辞典》。1991 年 10 月，荣获国务院为发展我国科学研究事业作出突出贡献而颁发的政府特殊津贴证书。他是我国社会主义会计制度的奠基人，著名会计理论家、教育家。

(四)首批经济学(会计学)博士研究生导师——葛家澍

葛家澍 1921 年 3 月出生于江苏省兴化县，1941 年夏就读于江苏学院经济系。当时江苏学院因抗战而内迁武夷山区，在非常艰苦的条件下，他仍刻苦学习，并以优异成绩直接转入厦门大学商学院学习，主修会计学。1945 年毕业于厦门大学商学院会计系并留校任教，1978 年晋升为教授。他先后被聘为国务院学位委员会学科(经济学科)评议组第一届和第二届成员，并成为全国首批经济学(会计学)博士研究生导师。葛家澍教授的名字与事迹被多家报纸、杂志、辞典收录并介绍，如《中国大百科全书·经济卷》将他的名字收录为词条，英国剑桥国际传记中心把葛教授列入由该中心出版的《大洋洲及远东名人录》和《世界名人传》。

(五)我国会计界最年轻的教授之一——吴水澎

吴水澎 1941 年出生于福建省诏安县，1963 年以优异成绩毕业于厦门大学并留校任教，历任厦门大学会计系主任、经济学院副院长，厦门大学研究生院副院长，兼任河北大学、西南财经大学、江西财经学院、杭州商学院副教授，中国中青年财务成本研究会顾问，福建省会计学会、注册会计师协会及经济学会理事和常务理事，《会计理论探索丛书》副主编等职。他的名字与事迹被多家报纸、杂志以“会计学界的新秀”“我国会计界最年轻的教授”为题加以介绍，并被收入《中华当代文化名人大辞典》《中国当代经济科学学者辞典》《国际名人录》(美国传记协会，第三辑)等辞典中。

(六)填补世界会计史库中的空白——郭道扬

郭道扬 1940 年 11 月出生于湖北省谷城县。1960 年 9 月，郭道扬进入湖北大学经济系贸易经济专业学习。1964 年 7 月，湖北大学建立财会系，他留校任教，讲授会计学原理及商业会计等课程。1982 年 6 月，郭道扬的《中国会计史稿(上册)》由中国财政经济出版社出版发行；1986 年 6 月，《中国会计史稿(下册)》问世。1984 年，郭道扬先生撰写了我国第一部会计史学教科书《会计发展史纲》。郭道扬教授的两部著作打开了中国会计史学研究走向世界的通道，填补了世界会计史库中的空白。为了表彰郭道扬对中国及世界会计教育与研究工作所作出的贡献，1988 年美国国际名人传记中心将其写入《世界 5000 人物》一书，1989 年又将其写入《第三世界名人传》一书，1990 年英国剑桥国际名人传记中心将其列入《国际知识分子名人录》一书，1991 年又将其列入《国际名人传记》一书。

(七)中国当代著名会计学家——毛伯林

毛伯林 1926 年出生于四川省乐山市，1947 年夏考入成华(光华)大学会计系，毕业后留校任教。1952 年他被选派去中国人民大学研究生部和财政系会计教研室学习，1955 年秋返回四川财经学院(现西南财经大学)会计系执教。由于其在教学、科研、社会活动等方面的卓越成绩，他多次受到学校、省市、全国的奖励、表彰，被收入《当代中国社会科学学者大辞典》《中国当代经济科学学者辞典》《中国当代高级科技人才词典》《中国优秀专门人才事略大典》、《世界名人传记(第五卷)》(美)、《国际名人传记词典(第 23 辑)》(英)，以及永信现代会计研究所编辑出版、时任财政部副部长张佑才作序的《中国当代著名会计学家传略》，等等。

(八)中国教育审计学会顾问——徐政旦

徐政旦 1922 年出生于江苏省无锡市。1946 年毕业于大夏大学，历任上海华东交通专科学校、上海社会科学院、复旦大学副教授，上海财经大学会计学院教授、博士研究生导师，兼任复旦大学、上海大学等多所大学的顾问(兼职)教授。其在学术机构的兼职有中国教育审计学会顾问、上海审计学会顾问、上海总会计师工作研究会常务副会长、上海会计学会常务理事等职务，还担任世界银行及亚洲开发银行的特约顾问。

(九)享受国务院政府特殊津贴的著名会计学家——阎德玉

阎德玉 1941 年出生于湖北省钟祥市，1964 年 7 月毕业于湖北大学(现中南财经大学)经济系，同年留校任教，任中南财经大学会计系主任、中国审计学会理事、中国注册会计师协会理事、中国会计教授会理事、湖北省会计学会常务理事、中南财经大学大信会计师事务所所长和主任会计师。在其教学生涯中，阎德玉始终默默耕耘，无怨无悔地奉献着，取得了令人瞩目的成就，是我国为数不多的享受国务院政府特殊津贴的著名会计学家。

(十)享受政府特殊津贴的教授——王松年

王松年1930年出生于上海，1951年上海财经学院会计系本科毕业，1955年中国人民大学工业会计方向研究生毕业，1956年晋升为讲师。1979至1981年任斯诺文尼亚卢布尔雅那大学客座教授，1986年晋升为教授。他同时在联合国公营企业国际中心兼职。1991至1992年任美国丹佛大都会州立学院客座会计教授。他曾任上海财经大学主管教学的副校长，上海财经大学教授、博士生导师，兼任上海市会计学会副会长、上海市投资学会副会长、上海会计师事务所高级顾问等职务。为了表彰他为我国高等教育事业作出的突出贡献，1992年起国务院批准其享受政府特殊津贴。

(十一)世界著名杰出人士——余绪缨

余绪缨1922年8月出生于江西省靖安县，1945年以优异的成绩毕业于厦门大学。任厦门大学管理学院教授、博士研究生导师，管理学博士后流动站学术带头人，美国伊利诺大学会计国际教育与研究中心主办的国际权威性会计刊物《会计国际学刊》编辑政策部成员，中国会计学会顾问，财政部人才中心高级专家委员会特聘专家，美国会计学会、会计教育与研究国际学会和加拿大学术会计学会会员。余先生的事迹和成就已被编入国内和英国、美国出版的许多权威名人传记中。

(十二)国际内部审计师协会会员——阎金锷

阎金锷1927年出生于天津市，1952年毕业于南开大学，然后分配到中国人民大学任助教，同时攻读在职研究生。先后于1955年被评为讲师，1980年被评为副教授，1986年晋升为教授，历任人民大学会计教研室主任及国际会计教研室主任等职务，担任博士生导师，任中央人民大学会计系教授、博士研究生导师，他同时担任中国审计学会副会长、北京市会计学会顾问(原副会长)、中国国有资产管理协会常务理事、国际内部审计师会会员、全国审计教材编审委员会副主任委员、北京会计进修学院董事长、《审计研究》副主编、《财会通讯》特约编审，还担任南开大学、天津财经学院、西南财经大学、江西财经大学、陕西财经学院等十多所院校的兼职教授和顾问等职。从1992年10月开始享受由国务院批准颁发的政府特殊津贴。

四、现代会计之父——卢卡·帕乔利

卢卡·帕乔利1445年出生于位于意大利台伯河上游、佛罗伦萨东南约80英里(约合1 201千米)的一座名为博尔戈·圣塞波尔克罗的小镇。此时的意大利正是资本主义萌芽开始茁壮成长、商品经济飞速发展和社会文明进步的黄金时期。由于资本主义经济迅猛发展，商业、制造业和金融业空前繁荣，自然科学和社会科学发展如火如荼。出生在这样的大发展时代，可以说是卢卡·帕乔利成就一番大业的前提所在。

卢卡·帕乔利天资聪颖、勤奋好学，深受老师们的喜爱。他在“语法”“修辞学”“辩证法”课程，以及算术、几何学、天文学、音乐和古典文学等知识领域所显现出来的天赋才能，让教过他的所有老师欣慰和兴奋。

卢卡·帕乔利是一位数学家，深厚的数学功底培养了他严密的逻辑思维能力和精准分析问题的能力。卢卡·帕乔利深知数学与实际结合的重要性，这种结合不仅表现在数学与艺术、建筑的关系方面，而且还充分体现在数学与经济管理的关系方面。从簿记方面讲，数学研究者应在建立科学的簿记方法体系方面作出努力，只有这样才能保证经济有效的增长。由于数学固有的精确性表达特点，帕乔利采用数学方法准确地研究和描述了当时流行于意大利的簿记学知识，科学地揭示了会计要素之间和会计要素内部的数量关系。运用数学方法，帕乔利对会计中不科学的成分进行了合理、有效的剔除，并演绎出新的会计理论。其著作《数学大全》(又名《算术、几何、比与比例概要》)开创了世界会计发展史上的新时代——卢卡·帕乔利时代，改变了世界会计发展的历史航向，把簿记实务与簿记理论结合在一起，使会计得以成为一门独立的科学。同时由于该书的问世，使经济学的发展向前推进了一步，既解决了经济计量科学化的问题，又解决了经济管理科学化的问题，并卓有成效地改变了世界贸易的发展状况，为新世纪经济的迅速发展创造了基本条件。

后人尊称卢卡·帕乔利为“现代会计之父”。革命导师马克思、恩格斯，德国著名诗人歌德，美国会计学家利特尔顿、查特菲尔德等都对其给予了高度评价。

五、胜任会计工作的总统——林肯

林肯1809年2月12日出生在美国肯塔基州哈丁县一个清贫的农民家庭，由于家境贫穷，林肯受教育的程度不高。林肯没有接受过专门的会计教育，但他的会计工作干得有声有色。1837 年的一天，一名审计人员来到斯普林菲尔德，审查一笔林肯担任纽萨勒姆会计员时经手的账款。林肯从容不迫地拿出一个钱袋，把里面的钱认真地清点了一遍，其结果与这位审计人员查询的数目完全相同。审计人员接过钱，写下记录，非常满意地离去了。这可以说是他熟悉财务会计的重要佐证。除了林肯总统外，乔治·华盛顿总统、托马斯·杰斐逊总统等都曾亲手记账，做过会计工作。

六、具有超前会计思维的革命导师——马克思

学过会计的人都熟悉这样一句话："经济越发展，会计越重要。"这是革命导师马克思在 100 多年前说的。马克思在《资本论(第 2 卷)》论述流通费用的性质时指出："过程越是按社会的规模进行，越是失去纯粹个人的性质，作为对过程的控制和观念总结的簿记就越是必要。因此，簿记对资本主义生产，比对手工业和农民的分散生产更为必要；对公有生产比对资本主义生产更为必要。"马克思这里所说的簿记就是会计。而"过程的控制和观念的总结"也就成为大家都熟悉的反映(核算)职能和监督职能，它构成了会计的两大基本职能。马克思认为，会计最初是"生产职能的附带部分"，即在"生产时间之外附带地把收支、支付日等记载下来"，只有当社会生产力发展到一定水平，出现剩余产品以后，会计才逐渐地从生产职能中分离出来，成为独立的职能。马克思指出："在远古的印度公社中，已经有一个农业记账员。在那里簿记已经独立为一个公社官员的专职。由于这种分工，节约了时间、劳力和开支。但生产和记载生产的簿记，终究是两回事，就像给船装货和装货单是两回事一样。充当记账员的那一部分公社劳动力是从生产中抽出来的，他执行职能所需要的各种费用不是由他自己的劳动来补偿，而是由公社产品的扣除来补偿的。只要做些适当的修改，资本家的簿记人员的情况就和印度公社的记账员的情况相同。"所以，会计最初只是"生产职能的附带部分"，到后来才演变为"从生产职能中分离出来，成为独立的职能"。

马克思主义政治经济学概念体系的核心组成部分仍是以会计学的概念体系为主，如资本、资本循环与周转、固定资本、流动资本、货币资本、虚拟资本、货币、货币计价、利息、利息率、利润、利润率、收入、成本、租金、费用、折旧和价格等。从马克思的《资本论》中可以看到这样一个事实：会计学研究的对象与《资本论》所研究的对象如出一辙，

不同的是马克思通过对资本及其运动的研究，揭示了资本主义世界生产力与生产关系之间的矛盾，并展示出人类社会发展的必然规律；而会计学的研究则在于资金(资本)运动定量化和观念化的描述与分析。

马克思在《资本论》中指出："资金不是物，而是一定的、社会的、属于一定历史形态的生产关系，它体现在一个物上，并赋予这个物以特有的社会性质。"将马克思阐述的这一基本原理用于对会计基本等式本质的分析是同样适用的。会计所反映和监督的对象是社会再生产过程中的资金(资本)及其运动。会计主要采用的价值尺度就是货币。会计凭借货币计价，不仅为自身提供了方便，而且也为人类组织社会经济活动提供了有效的管理手段。从会计基本等式"资产＝负债(债权人权益)＋所有者权益"所包含的经济内容来看，会计等式所体现的有关经济要素之间的关系是马克思主义政治经济学理论体系中生产力和生产关系的对应关系。该等式体现了以下关系：社会生产活动总是要以一定的物质条件为基础，所有物质条件的货币表现就是资产，这就构成了等式的左边。实质上包括劳动力在内的物质条件构成了社会生产力。因此，会计等式的左边体现的是社会生产力的综合。在一定的生产力水平上，人类在生产过程中必然形成与生产力水平相适应的人与人的关系，这就是生产关系。随着生产活动的进行，必然形成生产力与生产关系之间的矛盾——在会计学中就表现为资金(资本)运动，会计等式在货币形式上就体现了这种运动。因此，与资产(生产力)相对应，会计等式的右边必然体现生产关系的货币表现。资产减负债后的所有者权益就体现了资产所有者对净资产的占有，包括对剩余价值(利润)的占有和劳动者劳动成果的占有，是生产资料所有制形式及与之相适应的产品分配关系，以及人与人在生产活动中的地位与相互作用的集中体现。

第三节　影响会计发展史的历史事件

一、意大利商业革命

意大利位于地中海，特殊的地理位置使其成为东西方文化的连接点。在中世纪，意大利的地区贸易和国际贸易促使商品货币经济关系迅速发展。随着贸易的发展，意大利的商业和金融业获得长足发展，居欧洲领先地位。此时，在佛罗伦萨、热那亚、威尼斯等地出现复式簿记的萌芽。1494 年，意大利数学家卢卡·帕乔利，在总结前人的实践的基础上出版了《数学大全》一书，在该书第三部分的“簿记”中详细论述了借贷记账方法，提出借贷符号、会计基本等式、财产清算方法，日记账、分录账、总账登记方法和试算平衡方法。商业革命促使了复式簿记的诞生。

二、东印度公司清算

1600 年成立的英国东印度公司在当时垄断了好望角以东各国的贸易权。由于东印度公司在每次航海后都没有足够的现金向股东支付股利，于是便用下次航海的股份来代替，这就是股票股利的前身。当最后清算股本时，需要极其复杂的会计核算。于是，1657 年 9 月该公司发布新章程，允许签发永久性的股份，作为未来所有航海冒险活动的一种联合投资。将每次清算转换为永久性股份，提出每年而不是每次冒险活动结束时结算利润，从而形成了“持续经营”和“会计分期”的概念，同时也产生了股份公司。这些引起会计思想的巨大变化，对建立以年度为报告期的划分基础，确定流动资产和流动负债、固定资产和固定负债的划分界限，起到了极大的推动作用。

三、英国工业革命

随着 1733 年飞梭的发明、1764 年珍妮纺纱机的出现、1769 年瓦特蒸汽机的试制成功，英国进行了开始于 18 世纪 60 年代、完成于 19 世纪 30 至 40 年代的工业革命。工业革命中出现了工厂制度和批量生产，使固定资产成本在生产中所占比例上升，“折旧”这一概念变得越来越重要。企业规模的扩大导致经营活动更加复杂，对生产成本信息需求的增长，使成本会计应运而生。同时，由于工厂制度的出现，大额资本的需要导致所有权与经营权的分离，从而使向不参与经营的所有者提供财务状况和经营成果成为会计的主要目标之一。正是股份公司的出现和工业革命的开始，促使成本会计应运而生，使以商品买卖活动为主的传统会计向以工业化生产为主的近代会计转变。

四、南海公司泡沫

1711 年，英国人罗伯特·哈利建立了南海公司，主要业务是发展南大西洋贸易。开始时该公司股息保证 6%，所以股票销售很快。1718 年，英王乔治一世亲任董事长，公司信誉大增，不久以后付出 100%的股息。1720 年 1 月，经议会同意，南海公司承诺接受全部国债，以国家公债约 1 000 万英镑换作公司股票，国家债权人换作公司股东，使股票行市大涨，股价涨至 128.5%，当年 8 月竟突破 1 000%。然而，9 月股票开始暴跌，12 月跌至 124%。无数债权人和投资者蒙受巨大损失，强烈要求严惩欺诈者并赔偿损失。英国议会组织了特别委员会调查这一事件，发现该公司会计记录严重失实，存在明显舞弊行为。为此，委员会聘请精通会计实务的查尔斯·斯内尔对南海公司的会计账目进行调查，并编制了一份审计报告书，指出该公司存在的舞弊行为。

南海公司泡沫事件促使 1720 年议会颁布《泡沫法案》，禁止成立有限责任公司，直至 1825 年废除该法。1844 年，英国通过《股份公司法》，肯定了审计的法律地位。1855 年颁布的《有限责任法》，允许股东承担有限责任。至此，符合现代意义的股份公司基本确立。南海公司泡沫事件揭开了民间审计的序幕。

五、1929 至 1933 年世界经济危机

20 世纪 30 年代，以美国为首，大多数发达国家爆发了经济危机，公司股票和债券大量在证券市场上抛售，许多公司陷入无力偿付债务的窘迫局面，纷纷破产倒闭。政府和社会公众认为，导致资本市场崩溃和萧条的主要原因是会计报表未能够真实反映企业的财务状况和经营成果。为此，美国政府于 1933 年公布《证券法》，1934 年公布《证券交易法》，要求股份公司在向公众出售股票之前，必须向证券交易委员会登记，并通过证券交易委员会公布会计报表；股份公司的会计报表必须按照公认会计原则编制，并经独立会计师审定；授权美国证券交易委员会负责制订统一会计规则。但是，美国证券交易委员会从未行使制订权，而是授权美国会计师协会(1957 年改名为“美国注册会计师协会”)制订。

公认会计原则的确立，标志着传统会计发展成为财务会计。其特征是会计信息的加工、处理和报告，是为了满足各个利益关系人的需要；在加工过程中，必须遵守公认会计

原则；财务报表完成后，必须由注册会计师进行审计。

六、20 世纪末的新经济浪潮与安然丑闻

1991 年，美国经济走出低谷，持续稳定地增长了近 10 年。美国《商业周刊》在 1996 年 12 月 30 日发表了一组文章，提出“新经济”的概念。一般认为，“新经济”的含义涵盖三个方面：一是知识经济是新的社会经济形态，二是虚拟经济是新的经济活动模式，三是网络经济是新的经济运行方式。“新经济”给现行会计带来了全新的挑战。一个显著特点是软资产日益重要。软资产是相对传统的有形资产，主要包括专利权、商标权、工业产权、商誉等无形资产，以及人力资源、信息资源、组织资源。传统的会计确认与计量理论是工业时代的产物，已跟不上知识经济时代的步伐，安然公司的舞弊案就是很好的证明。

安然公司的舞弊案件固然有治理结构、独立董事、证券分析师、注册会计师、财务总监、股票期权等方面的问题，但更有会计的规则无法满足其“金融创新”“交易策划”“组织设计”和“扁平化”管理的需要等原因。这对会计准则提出了全新的挑战：会计准则应该紧跟社会经济发展的节奏，约束公司不能通过交易策划而逾越，使公司和注册会计师职业判断得以充分发挥；会计师事务所的监管模式和经营方式应该有一个全新的变革。

扫描二维码，获取本章小结。

本章小结	学习笔记

第三章
会计精神文化

如果说文化精神是推动和指导人们实践的思想，中华文化的精神是推动和指导中国几千年文化发展的世界观和人生观，那么，会计精神文化就是推动社会经济发展、指导会计行业前进的核心动力。可以说，会计精神文化处于整个会计文化的核心地位。

第一节　会计人的使命

一、会计的宗旨、目标、责任

(一)会计的宗旨

会计的宗旨是真实记录、客观反映、坚守准则、诚信做人、价值管理、资源整合。

会计的常规工作是围绕会计核算，做到会计信息完整，规范整理，及时、准确、真实、客观、公允地反映企业的财务状况、经营成果、现金流量；一丝不苟地执行国家会计法律法规和相关政策，坚守诚信；充分利用财务信息资源优势，以价值管理为中心，建立并不断优化业务管理流程，整合企业资源和社会资源，实现价值最大化。

(二)会计的目标

会计的目标包括：真实地记录经济业务，提供准确的会计信息，维护相关主体的利益，推动企业的价值管理，进行社会化资源整合，实现企业价值最大化。

会计应对企业所发生的各种经济业务进行真实的记录，向领导和相关部门提供准确的会计信息；注重维护企业、股东、债权人、政府及其他相关主体的利益；通过财务管理活动，建立并不断完善以价值管理为核心的财务管理体系；通过筹资和投资活动进行社会化资源的规划与整合，从而实现企业价值的最大化。

(三)会计的责任

1. 对国家的责任

会计先要对国家负责，必须在国家法律和相关会计制度和准则下从事会计业务活动，不能从事任何会计违法行为。我国刑法、会计法等法律法规均对会计从业人员的行为有明确不能作为的规定，违法要追究会计从业人员的法律责任。

2. 对企业的责任

企业的会计要对企业经营与管理承担责任，要保证及时向企业经营者提供准确的会计信息，建立规范并行之有效的会计管理体制和制度，在财务管理、企业投资、整合资源等方面为企业提出建议并进行积极的推动，保证企业实现价值最大化。

3. 对员工的责任

企业员工是企业的主人，会计的一切行为都要为员工着想，不能侵犯员工的合法权益，要在保障员工利益和福利方面作出积极努力，使企业员工产生归属感，增强向心力和凝聚力。

4. 对股东的责任

在股份制企业中，会计行为不能侵犯股东利益，向股东提供的一切会计信息必须具有真实性和可靠性，按时向股东提供完整的财务报告，使股东对企业经营有信心。

5. 对债权人的责任

企业在经营活动中要面对各种不同的债权人，企业会计不但要维护企业的权益，也要维护债权人的权益。要做到向债权人提供真实的会计信息，根据债权人债务契约履行义务，向企业领导提出积极建议，不造成对债权人的拖欠，为促使债权和债务人成为利益共同体作出努力。

6. 对社会的责任

企业是社会的单元，企业的一切行为都要对社会负责，反哺社会并积极推动社会的进步和发展。企业会计行为更要对社会负责，在公平、公正原则下从事的各种会计活动均应对社会有益，积极向企业提出参与社会公益的建议，推动企业与社会共同进步和发展。

二、会计人员应当具备的能力

(一)学习能力

各种会计法律法规、税法不断更新变化，会计人员需要及时了解并学习新政策、新规范，引导企业更好地适应社会经济的发展。会计人员除了熟练掌握丰富的财务知识外，也应该懂得业务、了解行业。会计人员如果不能深入了解业务，财务管理无从谈起，也无法帮助企业作出正确的经营决策。同时，伴随着财务机器人的出现，计算机知识、互联网思维也成了会计人员的必修课之一。

(二)沟通和团队协作能力

在日常工作中，会计人员不仅需要和业务岗位人员沟通合作，还要和外部单位(如银行、会计师事务所、工商、税务等部门)进行业务往来。良好的沟通协作能力往往能对其自身的财务工作起到事半功倍的效果，学会做人、高情商协作十分重要。

(三)决策能力

在未来，会计人员的核算职能会逐步弱化，而监督职能变得越来越重要。当财务软件自动进行账务处理并生成各种报表后，会计人员需要迅速进行分析，读出数据背后的信息，将其转化为对企业经营有用的决策，这就是决策能力。决策能力包括计划预测、内部控制、投资分析等。会计人员必须具备多维度、多层面的决策能力。

扫描二维码，获取会计人员的工匠精神的相关内容。

拓展学习	学习笔记

三、对会计人使命感的培养

(一)加强高校会计专业学生职业素养的培养

当前，会计专业在大学院校的教学偏向知识技能的教授。而大学作为职业教育的重要阵地，应将会计职业情感、道德观念摆在与专业技能并重的位置。在专业课程教学过程中，把培养会计专业学生职业道德素质作为重要环节之一。例如，开设“会计职业道德”“财经法规”“会计案例解析”等关于会计诚信教育方面的课程。通过对这些课程的学习，学生可以明确在执业过程中什么可以做、什么不能做。在对舞弊案例分析的过程中，既可以对理论知识加以强化，又可以加强学生诚实守信职业素质的培养。

(二)肯定与尊重会计人员的基本职权

应该充分肯定会计人员的工作，肯定其工作对社会经济发展的重要作用，注意提升会计人员的社会地位。企业管理人员应重视和支持会计人员的工作，尊重其基本职权，对较优秀的会计人员适度给予表扬和鼓励。逐渐完善会计人员的职业素质培养，保证会计人员在工作过程中遵守职业规范，从源头上杜绝虚假会计信息的产生。

(三)培育良好的会计诚信环境

会计工作存在于社会的各行各业，因而会计人员不只是在会计这一领域工作，更是生活在社会大环境中，其职业道德难免要受到各种不良因素的影响。所以，要想创造一个良好的环境，不仅仅要靠会计行业本身的努力，更要依托社会各方面的帮助。

(四)建立健全选拔、激励与约束机制

在日常的工作管理中，应对会计人员的职业道德情况建立一系列的检查、考核等制度，并与专业职务、晋升等形式相结合，以督促会计人员严格遵守会计职业道德，提高工作效率和质量。这有利于选拔优秀的会计人员。

(五)加大对违法违纪行为的打击力度

有一部分会计人员未能遵守相关的职业道德规范，利用职务之便为自己牟利，或为他

人大开方便之门。对于这种贪污腐败、违法乱纪、同流合污的现象，除了按规定予以行政处罚之外，严重的还可追究其法律责任。对于那些伪造会计凭证、恶意造假的人，一定要加大处罚力度，必须对这些人追究责任，加大会计信息稽查力度。除此之外，应当建立相关机制，将那些不遵守职业道德、不守信用的个人或企业，逐出相关行业。

(六)建立控制体系，完善监督机制

建立内部的控制体系，可以有效地对会计人员的工作进行监督，贯彻落实会计管理制度，提高会计工作的效率，提高企业的经济效益。还应该建立完善的会计人员考核制度，这样可以促进良性竞争，充分调动会计人员的工作积极性。对那些优秀的会计人员，进行合理利用、合理分配，这样既可以提升会计工作的质量和效率，也能提高企业的经济效益。会计监督机制是指在财会工作中对会计核算和会计管理进行连续、系统、全面的监控，以便及时发现和纠正会计工作中存在的偏差与错误。依法查处存在的会计资料舞弊、会计账目的造假行为，减少国家和集体的财产损失，保证会计核算和会计管理工作良性、有序、高效地进行。

四、案例学习

财务机器人的应用

2017 年 5 月，德勤会计师事务所率先推出了财务机器人，这是财务机器人第一次正式出现在公众的视野中。德勤研发的财务机器人，是能够部署在服务器或计算机上的应用程序。它的主要功能是替代财务流程中的手工操作；管理和监控各项财务流程；录入信息，合并数据，统计汇总数据；识别财务流程中的优化点；根据既定业务逻辑进行判断识别。

当年 5 月下旬，同为四大会计师事务所的普华永道也推出了属于自己的财务机器人解决方案。普华永道机器人解决方案使用智能软件，完成原本由人工执行的重复性任务和工作流程，不需改变现有应用系统或技术，使原先那些耗时、操作规范化、重复性强的手工作业，以更低的成本和更快的速度实现自动化。

而后，中化国际(控股)股份有限公司财务共享中心宣布选择普华永道的机器人，双方项目组经过1个月的努力，快速地完成了业务流程梳理、测试验证及部署工作，并正式投入运营。完成部署后，该公司税务及财务工作效率提升明显，4个业务过程在效率和准确性上有重大提升：一是银行对账，机器人每日自动完成15家银行80个银行账号的对账和调节表打印工作，全部过程无须人工干预；二是月末入款提醒，机器人自动记录银行借贷款记录，并自动发送邮件给指定的人员确认款项事由；三是进销项差额提醒，机器人定期从SAP(思爱普)系统、开票系统、进项税票管理系统及PDF文件4个数据源生成提醒表格，并发送给业务人员；四是增值税验证，机器人将需要验证真伪的增值税发票提交国税总局查验平台验证真伪，并反馈于记录结果中。

第二节　会计职业精神的建设

一、会计职业精神建设的对象

会计职业精神建设的对象包括个人对象和组织对象。个人对象包括会计理论研究者、会计教育工作者、会计岗位工作者等相关人员；组织对象包括企事业单位和单位内部的会计组织，以及会计师事务所、税务师事务所等相关单位。

二、会计职业精神建设的目标

(一)做会计就要有一种精神

有人认为，会计知识是严肃而高深的学问，是具有完整理论和实践教学体系的专业，是企业进步与发展的导向仪，是衡量企业发展与兴衰的标准。我们回答：“是”，也“不是”。我们认为会计是学问，但也是故事；会计是专业，但也是生活；会计是导向仪，会计不仅是数钱和算账。会计人要有精神支柱，其核心是责任，是使命，是事业，更是未来。

(二)会计的行业精神

党的二十大报告指出:“在全社会弘扬劳动精神、奋斗精神、奉献精神、创造精神、勤俭节约精神,培养时代新风貌。”会计行业是传统行业,几千年传承下来的中国会计文化在会计前辈的引领下形成了具有中国特色的行业精神。会计的行业精神是指所有会计人员应具备的精神风貌和追求的精神境界。会计行业精神的提炼是会计理论与会计实践相结合、历史经验与会计行业实际相结合的产物。

会计的行业精神包括:诚实守信、真诚老实、操守诚信,客观公正、坚守公平、永不偏私,勤勉严谨、工作勤恳、努力不懈,严格谨慎、严密无漏,不断学习、立足发展、开拓创新。

三、会计职业精神建设的现状

企业会计职业道德是企业会计精神文化的重要组成部分,是企业会计人员必须遵守的行为规范,并以一种无形的力量约束着企业会计人员的行为。我国目前企业会计职业道德建设还存在诸多问题。

在部分人的处事思维中,一切都是围绕着“人”进行的。做一件事情,首先考虑的是做了以后会有什么后果,对自己和周围的人会产生什么样的影响,而不是首先考虑如何把这件事做好。在这种思维方式的指导下,产生了“关系哲学”这种思维方式。即对你投之以桃,你必对我报之以李,彼此心照不宣,大家这样有来有往,一种复杂的人际关系就产生了。企业会计人员在做账或查账时,就会有意无意地按有利于个体或局部利益的方式进行。当一名会计人员去审核一家公司的年度报告时,首先想到的可能不是把这项工作如何做好,而是如果认真检查会有什么后果,马虎过去又有什么好处。对于企业来说,自己拿出的虚假会计信息如果得到确认的话,不仅小集体的利益可以得到保护,而且还可以得到领导的奖励和提拔。所以,有的企业往往会不择手段,以蒙混过关。对于检查方的会计师来说,按原则办事,必然会违背“有来有往,来而不往非礼也”的“游戏规则”,自己的人际关系很有可能变得异常糟糕。而帮助企业蒙混过关,即使事后被察觉,由于“关系哲学”的存在,检查方所受的惩罚对他也并无大碍。犯错误所付出的“成本”远小于犯错误所得到的“收益”,这也就是某些会计师进行财务审查时铤而走险的原因。

有的企业会计人员在处世态度上往往带有“中庸”的色彩。只要自己的利益不受侵犯,领导要我做假，我就做假，决不抵触、顶撞领导，所谓“人在屋檐下，不得不低头”；否则，吃亏的总是自己。“中庸”还表现在企业会计人员不敢同违法违纪现象做斗争，不实事求是，而是人云亦云，唯命是从。明明知道某项业务是假的，某种行为是违法的，却不敢说出来，“事不关己，高高挂起”，生怕一说穿，得罪了人，并用“得饶人处且饶人”来掩饰自己的无原则。

由于企业会计文化建设对企业会计工作来讲是一种较新的文化观念，而这种观念尚未深入企业。因而，许多人对企业会计文化这一概念还不甚了解，许多企业会计人员的思想还停留在记账、算账、报账的水平，市场观念、竞争观念、参与意识不强，普遍存在着求稳求安的思想和自满自足等心理。企业的会计精神经常是浮于表面，成为一种点缀或是一种摆设，没有发挥应有的作用，没有落实在会计工作的各个环节中。

四、会计职业精神建设的内容

良好的企业会计文化能在企业中产生振奋精神、开拓创新、积极进取的良好风气，充分开发企业会计人员的潜能，最大限度地调动企业会计人员的积极性、创造力，营造尊重人、关心人、培养人，团结、进取、勤政、务实的企业会计人文环境。

一方面，进行企业会计职业道德自律建设。企业会计职业道德自律是一种职业道德的内在情感，是企业会计人员在处理会计业务中形成的、内在的、以职业良心为核心的企业会计职业道德意志。企业会计职业道德自律建设的目标和任务，就是要有计划、有组织地在企业会计人员中深入开展职业纪律、职业责任、企业会计职业理想教育，逐步形成坚持实事求是、反对弄虚作假的职业意识。

另一方面，对企业会计人员不断进行企业会计文化的宣传教育，使其在企业会计管理中能够自觉理解该文化、运用该文化，形成一种崭新的管理观念。

(一)会计从业人员的精神建设

会计从业人员的精神是工匠精神在会计行业的具体体现。会计工匠精神要求财务会计报告、管理报告等精益求精，必须确保每个数字的准确性；不断提升专业技能，在专业领域内永不停步，在互联网时代和智慧、智能经济环境下不断追求进步，使会计永远适应时代的要求，和社会共同发展。

(二)会计团队的精神建设

会计行为永远不是个体行为，会计是团队，优秀会计精神集中体现为团队精神。因此，会计团队在团队领导者的带领下，一方面，要做到分工明确、各尽其职；另一方面，更要做到内部信息畅通，运转流畅。会计团队要永远是一个和谐、充满朝气和正能量的群体。在团队中，成员间要在协同和共生理念下成为一体，既要服从指挥，也要互帮互助，使优秀会计团队精神在团队成长和进步中发挥作用。

五、会计职业精神建设的意义

(一)指导意义

会计职业精神通过会计价值观念、会计职业道德观念、会计执业理念等对会计人员的行为起到导向作用。它指引会计人员从事会计工作，规范会计人员的会计行为，从而促进社会经济持续、健康、稳定的发展。

(二)凝聚意义

会计职业精神具有凝聚企业共识、保持社会认同的作用。接受了会计职业精神教育的会计人员，将具备共同的会计工作方式、职业操守、职业道德，有着相同的会计思维方式和会计价值观，因而具有强大的凝聚力，为着共同的职业目标和职业理想努力前进。

(三)激励意义

培养会计人员具备勤勉、守信、独立思考、开拓创新等精神，能够激励会计人员的职业认同感，调动其工作积极性，满足个人精神需求的同时，实现整个企业乃至全社会的目标。

六、案例学习

优秀会计精神在于对会计工作的热爱

一位营养学家说过：“一个人每天摄入的食物，至少要超过十八种。一个人，小时候营养越丰富越好。只有这样，才能保证身体健康、骨骼强壮，长成优良的体魄。”会计从业人员在打造个人精神世界方面，需要从基层培养对会计工作的浓厚兴趣和热爱。王慧珍是一个具有近三十年从业经历的资深会计，她几十年如一日，能够做到对职业的坚守，是因为她在从业之初对会计职业具有发自内心的热爱，这份真挚的会计情缘来源于多年来对会计工作的热爱。因此，一个优秀会计的常年坚守，需要在理念、情感、追求等方面对会计精神进行培养，而会计情缘和热爱需要从起点开始。

成就等不来，工作干出来

程清自1998年开始从事会计工作以来，先后担任过出纳、记账、核算、主管，直至成为公司的财务总监，先后为企业提出过近20项加强财务管理、“增效节流”的管理会计建议，带来直接利润近2 000万元，挽回经济损失近500万元。2017年，程清被评为“省级优秀会计工作者”。程清是从普通会计岗位的平凡工作做起，牢记会计宗旨，信守会计责任，逐渐积累形成了优秀会计人员的职业精神。在此之后，他又进入了管理会计、投资会计、信用会计等领域，他向董事会所提出的每一项财务建议都是会计、企业管理、金融、投资等相关知识的综合体。“成就靠精神，靠实干，靠对职业的永恒坚守”在程清身上鲜明地体现出来。

“小人物”也有大价值

徐安成从事会计工作5年了，仍然在出纳和记账的岗位上，是会计的基层工作人员，名副其实的会计“小人物”。但是，他没有在每天重复性的工作中产生厌倦，而是年复一年、日复一日积极做好细小的、繁杂的会计工作。他认真对待每一张单证，记录好每一个数据，从未出过差错。5年来，他纠正单证和会计账面错误达30起，做到了为企业的资产“站好岗”“把好关”，连续3年被企业评为“优秀员工”，2017年被评为“行业优秀标兵”。

勤学习强自我，担责任献力量

做了会计，就意味着担一份责任；一生做会计，责任就伴随一生。当前，信息技术时代使会计要素、职能、方法和工具发生了巨大变化，智能和智慧化工具将得到广泛应用。在这样的形势下，优秀的会计从业人员必须具备不断认清新形势、掌握新方法、努力强自我、力争在前沿的精神。会计匠人精神不仅是“精雕细刻”，还包括能够灵活应用各种会计信息化工具，只有这样才能适应未来的智慧、智能和互联网时代的会计岗位需求。

会计从业人员要有一点精神力量

有一天，孔子的学生子路在鲁国的城门外过夜，守城门的人问他：“你从哪里来?”子路说：“从孔子那里来。”守城门的人说：“就是那个知其不可为而为之的人吗?”“知其不可为而为之”，这是当时的人对孔子的评价。我们无从知晓守城人说这句话时，心中是嘲弄还是敬仰。但今天我们读到这个故事，心中只有崇敬。孔子一生都在积极推广他的“仁政”思想，四处碰壁却不忘初心，这种执着追求理想的精神，正是他的伟大之处。会计从业人员不比古人，但必须要有不断追求卓越的精神，从业就要做到持之以恒、诚实守信、勤于学习、勇于坚守，这种会计匠人精神是在几十年如一日的打磨过程中形成的。克难攻坚、勇往直前是优秀会计精神的集中体现。

优秀会计应是一个思考者

学者傅斯年曾经说过：“一天吃睡、工作最多花 21 小时，余下 3 小时要用来沉思。”很多人都说自己很忙，没时间思考。其实，思考是最不占时间的。会计的基础工作往往具有重复性，不断重复确实会熟能生巧。徐亚辉是从业 35 年的老会计，他经常讲“这点账我闭着眼就能做”，似乎不再需要用大脑去思考了，这是优秀会计的“大忌”。一个优秀会计要时时思考，事事思考，年年月月都思考，要思考“为什么”、要思考“怎样才能做得更好”，不会思考就不能进步。在思考中做会计，对每一件事就能时时总结经验，不断发现问题，具有“思考”精神的从业人员往往能在平凡的岗位上做出创新的“大事”。

优秀会计的“六要”

刘章红从事会计工作 20 年，她总结出优秀会计必须做到“六要”：会计在录入凭证时，对不真实、不合法的原始凭要敢于指出，坚决不予报销；对记载不准确、不完整的原始凭证要退回，要求经办人员更正、补充；在审核和监督中，要保证会计信息的真实、合法、准确、完整，切实发挥财务核算和监督的作用；在服务中，要提高效率，热情服务，以敬业、热情、耐心的态度投入岗位；在工作过程中，要不刁难同事，不拖延报销时间，对真实、合法的凭证，及时给予报销；对待规章制度，要严格执行，使员工心中有制度、有计划、有目标，而且在日常工作中认真践行。她经常讲，会计准则无人不知，但贵在坚持，再好的制度如果在执行中虎头蛇尾也会大打折扣，有损会计的职业形象。

好会计要“临事而惧”

刘墉初入仕途时，他父亲送他一句话，就是“临事而惧”。为官期间，刘墉时刻牢记父亲的教诲，对于科场积弊、官场恶习，进行了力所能及的整肃和改变，直至他官至宰相。好会计“临事而惧”就是指遇到事情，应谨慎对待，做事要认真分析、考虑，谋划充分才能成功。好会计报销账本不能因人而异，更不能只做领导的“应声虫”，不能临大事而惧，不能瞻前顾后，胆小怕事；好会计信守的就是国家法律、准则和职业道德，这是好会计必须具备的工作态度、思想方法和精神品格，它所体现的是一种真正的责任态度、使命意识和担当精神。

会计要用好“复合时间”

我们都听说过“复利”，通俗地讲就是利生利、利滚利。复合时间，就是把复利的概念迁移到时间管理上。正如复利对于金钱的影响，复合时间是智力资本的“复利”。如果每天都能在一件事情上有所积累，在时间的作用下，智力资本也会像滚雪球一样，越滚越大。会计工匠是积累、打磨出来的。孙成红被誉为行业“会计工匠”，某大学为他专门建立了工作室。他将职业精神表述为“一天干一件实事，一月干一件新事，一年干一件大事”。

中国现代会计之父——潘序伦

潘序伦被后世称为“中国现代会计之父”，但在30岁之前，潘序伦甚至不知道“会计”是什么。那时，这个失业的中学教师游手好闲，和一群赌徒终日厮混，输掉了家中大部分田产。妻子不忍见他如此堕落，每次都扯着他的衣襟不让其出门，但他总是扯断衣襟，夺门而出。不过，一个要去法国留学的友人改变了他。很快，潘序伦便进入圣约翰大学旁听，他整日埋头书本，并以全校第二名的成绩被保送至哈佛大学企业管理学院。

20世纪20年代，正值我国民族工商业的快速发展时期，传统的记账方式已不能满足日渐复杂的经济活动的需求。学成归国的潘序伦，创办了中国第一家具备现代意义的会计师事务所，并以《论语》中“民无信不立”之意，将事务所取名为“立信”。潘序伦身先士卒，勤勉工作，他总是上午八时到办公室。某日上班后，见当天报载北方水灾，上海各界成立“黄河水灾委员会”，下有稽核一科拟请会计师担任，以示公开。潘序伦打电话与其联系，并获得该职。事后他听说，就在他获得该职数小时后，另一家有名的会计师事务所也打电话联系过委员会，但却失之交臂。

会计一生，潘序伦最为看重“真诚”与“信用”，他曾自言：“我认为会计师的信誉很要紧，可以说是会计师业务的生命力……有个别会计师以造假账或出具不真实的证明书以迎合某些委托人的要求来取得业务，我是绝对不接受的。这样，当时看起来似乎是吃亏了，但日子一久，人们认为‘立信’是信得过的、是可靠的，反而会引来大批的业务。”抗战期间，上海各界为马占山的东北义勇军募捐钱物。当时社会上有谣言散播，称上海群众共募捐法币2 000余万元，但东北方面只收到数十万元。潘序伦得悉后便找上门去，认真稽核了13个经办单位的收支账目，并出具证明，公之于众。这样，指责和谣言便不攻自破。

第三节 会计价值观

习近平总书记在党的十九大报告中指出，“要培育和践行社会主义核心价值观。……要以培养担当民族复兴大任的时代新人为着眼点，强化教育引导、实践养成、制度保障，发挥社会主义核心价值观对国民教育、精神文明创建、精神文化产品创作生产传播的引领作用，把社会主义核心价值观融入社会发展各方面，转化为人们的情感认同和行为习惯。”毫无疑问，会计专业领域也应当践行符合社会主义核心价值观要求的会计价值观。

一、会计价值观的含义

会计价值观在会计精神文化中占据核心的位置，对于会计人的行为导向起着非常重要的作用。它影响了会计人员对职业的认知、对职业的热爱程度和对职业目标的追求，并具体体现为会计人员在会计岗位上“做什么”“怎么做”“做得如何”。

什么是会计价值观？简单理解就是会计人员看待会计价值的观念。那么，什么是会计价值呢？比如，大量的接受过高等教育和职业教育的会计专业学生；会计科研工作者对于中国会计制度不断进行理论研究的成果；会计人员编制的反映企业财务状况的会计报表；财务管理人员为提升企业经营管理水平所编制的成本控制报告；会计师事务所出具的代表第三方中立严明立场的财务审计报告。这些都是会计工作者通过自己辛勤的工作努力创造出来的价值载体，为推动国家社会经济发展和进步贡献力量。毫无疑问，凡是能满足人和社会所需要的物质或精神产品都是具有价值的。除此之外，会计人员能够依据对社会实践的体验，超越现实地选择和确定人生价值的目标，进行积极、主动、具有创造性的劳动，去实现未来的人生价值，即超越已有的人生价值努力奋斗。比如，完善我国的会计法规体系；建立和完善我国的会计职业道德体系；建立中国的会计行为学、会计文化学、通用会计学。为建立有中国特色的、以提高企业经济效益为中心的会计理论方法体系等不遗余力和勤奋不懈地工作，正是会计人员人生价值具有超越性的具体体现。

二、培养“以人为本”的会计价值观

怎样才能更好地实现会计人员的人生价值？要回答这个问题，会计人员必须选择、确定自己的人生目标，它决定会计人员实践活动的方向、内容和形式，它为会计人员提供进行实践活动的内在动力，使会计人员把自己的感情、意志、理想、信念、行动集中到这个目标上，让自己生活的一切方面，都贯穿并服务于这个人生目标；会计人员必须以积极、主动的态度，不断提高自己的内在思想品德、心理素质、科学文化水平和会计实践能力，既尊重、依据客观条件，又通过不懈的努力，把这种提高社会效益和经济效益可能性的内在的价值，转化为外显的现实价值。

企业会计信息失真问题，实质上是以一部分人受益而另一部分人利益受损为代价的。

尽管企业会计信息失真的成因是多方面的，但一个无可否定的事实是所有企业会计数据都是经过企业会计人员处理后流向社会的。可以说没有企业会计人员的参与，就不可能有假数据的产生，企业会计人员对此负有不可推卸的责任。会计价值观作为企业会计人员的共同信念，是会计群体共同认可和遵循的价值准则，为企业会计人员提供了判断是非的标准。它决定了企业会计部门如何看待企业股东、企业管理层、企业会计人员、公众和其他利益相关者的利益，以及如何正确处理这些利益关系，这在一定程度上反映会计价值观的本质是“以人为本”，就是把人视为管理的主要对象和企业会计部门的重要资源。“以人为本”的会计价值观应具备的特征包括：以诚信为荣，实事求是，坚持原则，开拓创新，公正廉洁，追求卓越。因此，建设“以人为本”的会计价值观，是提高会计信息质量的关键所在。

首先，企业会计领导者在会计群体共同价值观的形成和维护中扮演着极为重要的角色。企业会计领导者不仅同其他会计个体一样是企业会计文化的实践者，而且由于其在企业会计管理活动中的特殊地位，决定了其自身的文化素质、工作作风、思想道德和价值观念对于企业会计文化的主导作用，也决定了他们在建设“以人为本”的会计价值观的过程中具有关键的作用。企业会计领导者的态度和行为将对企业会计人员的态度和行为产生巨大的影响，尤其是在无形的思想和价值取向方面。因此，在建设会计价值观的过程中，一方面，企业会计领导者要给予足够的重视，并亲自组织开展各项活动，培养模范人物并宣传其优秀的会计价值观，建立奖惩制度；另一方面，企业会计领导者应该以身作则，积极倡导以诚信为荣、实事求是、坚持原则、开拓创新、公正廉洁和追求卓越的理念，并以自己的实际行动影响下属，最终实现形成“以人为本”的会计价值观的目标。

其次，模范人物是企业会计个体学习的榜样，受到大多数会计人员的敬重。如果说企业会计领导人主要由于拥有权力而被会计个体尊敬和追随，那么模范人物是因为优秀的品质、高尚的情操及过人的能力等自身因素赢得其他企业会计人员的敬佩和效仿。在整个企业会计文化建设和完善过程中，模范人物都起着决定性的作用。在企业会计部门中，模范人物以自己对优秀的企业会计文化特有的理解而成为优秀的企业会计文化，特别是优秀的企业会计精神文化的代表，并以优秀的思想品质和模范行为活跃于企业会计部门内部，以其突出的凝聚力把企业会计个体吸引在其周围。在他们身上体现出的会计价值观也容易被其他企业会计人员所接受。从某种意义上说，他们拥有更强的引导和示范作用。因此，在企业会计部门中要善于发现和培养这样的模范人物，以模范人物强大的影响力和引导力，推动“以人为本”的会计价值观的形成。

最后，企业会计个体是企业会计群体的组成要素，只有企业会计个体的价值观趋向一致时才会形成企业会计群体的共同价值观。对企业会计个体价值观的重视体现了坚持“以人为本”的思想。企业会计群体的共同价值观是企业会计领导者所倡导的，先进模范人物所具备的企业会计部门中的主流价值观。因此，会计价值观具备了较强的先进性和时代性，具有一切积极的内涵。企业会计个体价值观具备这种会计价值观，就能使企业会计人员思想道德、价值取向等精神方面得到提升，进而在行为上进步。企业会计领导者的领导和示范作用，模范人物的榜样作用都是实现企业会计个体价值观趋同的途径和方法。要通过企业会计领导者和模范人物的引导及示范作用来影响企业会计人员的思想与行动，在思想与行动上实现企业会计人员的发展和提升。而在“以人为本”的会计价值观形成的过程中，企业会计人员的态度要经过服从、接受及吸收三个阶段。通过企业会计领导者的权威和模范人物的无形规范，实现企业会计人员对所倡导的价值观的被动服从；在实施过程中逐渐达到自愿的接受阶段；最终目的是实现吸收，形成“以人为本”的会计价值观。在具体实施过程中，一方面，通过企业会计领导者和模范人物的无形影响；另一方面，可以开展各种活动进行宣传，建立必要的规范约束。

三、会计价值观对人的影响

(一)帮助提升会计人员的职业素养

树立正确的会计价值观，有助于会计人员养成不断学习、不断探索新知的习惯。会计人员应当努力学习和掌握会计新政策、会计新法规，了解最新的、最先进的财务核算和财务管理技术。与此同时，会计价值观引导会计人员立足于本职工作，坚持操守，坚守准则。入账工作做到合法合理，会计核算工作做到准确无误，财务报表能客观真实反映企业财务状况。思想上，会计人员有一颗对金钱不贪、不占的心，对企业的商业秘密和机密的会计信息应守口如瓶。

(二)提升企业管理者的会计诚信意识

会计信息失真的其中一个主要原因就是企业管理者缺乏会计诚信意识，通常是企业管理者授权会计人员做假报表、虚报收入。因而，会计价值观要塑造诚信为本的企业文化，提高企业管理者的会计诚信意识。如果企业管理者能带头讲诚信、守法律，那么就能从根源上杜绝会计失信行为，切实保证本单位的会计工作和会计资料的真实性、完整性。

四、会计价值观对企业的影响

(一)提升管理水平，推动企业提高经济效益

会计文化作为管理制度的升华，其核心是共同的价值观，它以人为出发点和落脚点，通过把外在的制度约束内化为自觉的行为，从而真正达到规范约束的目的。会计文化建设可以有效培养会计人员高尚的职业道德情操和优秀道德品质，有利于提高会计人员的精神境界。会计文化以其独有的功能，对有效整合会计资源、加强内部控制、防范会计风险发挥着至关重要的作用。因此，具备正确的会计价值观对企业防范会计风险、加强内部控制非常重要。

(二)改善企业文化，提升工作效率

企业会计部门只要拥有了先进的并被大多数员工认可接受的价值观，那么企业内部就会形成强大的凝聚力和向心力。企业会计价值观体现了“以人为本”的思想，即以企业会计人员为中心，通过关心、培养、尊重企业会计人员，促进企业会计人员的发展，从而营造和谐的部门氛围，实现企业会计部门的全面发展。

(三)提升企业的社会形象

树立正确的会计价值观有助于培养企业诚实守信的企业精神。企业如果靠会计造假、虚报业绩，欺骗市场和投资人，即使获得一时之利，也绝不会长久。“安然事件”“施乐事件”等一系列财务造假丑闻都是典型的反面例子。在当前竞争激烈的市场中，品牌和信誉非常重要。好的品牌是需要由良好的信誉来支撑的，拥有了良好的信誉就可以拥有市场、吸引消费者，从而使企业获得丰厚的利润。

五、会计价值观对社会的影响

（一）降低会计失信对社会经济造成的负面影响

上市公司不断曝出的假账丑闻直接影响投资者的投资信心，对社会经济具有很强的破坏性。会计价值观的树立可以从根本上减少会计失信现象发生的概率，给市场提供一个干净、公平的交易平台，促使社会主义市场经济持续稳定地向前推进。

（二）帮助构建全社会的诚信体系

会计诚信是社会诚信的一部分，构筑社会诚信这一“环境工程”最重要的是加强对社会各行各业人员规则意识的培养。规则和诚信是紧密相连的，规则意识淡薄，诚信必然受损，社会成员的市场竞争也必然是无序的竞争。社会舆论、社会风气对社会诚信的影响也很大。就社会舆论而言，它代表了广大群众的情感和价值取向，能给会计人员以某种荣誉感或耻辱感。当会计人员的行为符合职业道德规范，受到社会舆论的赞誉时，他们会感到喜悦和自豪。这种情感体验，会使会计人员的言行得到鼓励。当会计人员的行为不符合职业道德规范，受到社会舆论的谴责时，他们会感到内疚和羞耻。这种情感体验，会在一定程度上约束会计人员的言行。

（三）提升整个会计行业的社会地位

会计人员自身的综合素质提高了，造假失信的现象减少了，企业高层越来越重视会计相关岗位，必然会提升整个会计行业在市场经济中的社会地位。

六、案例学习

事务所专访：四年磨一剑，时间从未辜负每一个努力的人

本期事务所专访的嘉宾目前在投行部门任职，从一名初出茅庐的本科毕业生到年薪30万的职场精英，他从未止步。四年磨一剑，从天职国际到立信，再到瑞华，他的每一步清晰可见，只为成就更好的自己。

我是一个开朗的男生，2013年本科毕业，现已工作四年，目前就职于国内中小券商投行部，任职副董事。说到考试经历，我是在大学时考完注册会计师的，非常庆幸我是在校生能够报名的最后一届。大一试水报了一门“经济法”，幸运地通过了。大二一口气报了剩余五门，结果只过了“会计”“审计”，其他三门都是50多分，挺郁闷的。大三吸取经验，通过剩下三门，大四毕业顺利通过了综合考试。至于考试经验，我这里就不多说了，论坛“大神”很多，大家都可以参考。考注册会计师的同学大多都想进事务所吧，我也不例外，不过我的事务所经历可能比较“不老实”。在事务所从业三年，我在天职国际、立信、瑞华等四家证券所做过。

毕业后进入天职国际，“师傅领进门，修行在个人”。大四时我有幸进入天职国际实习，参与了大型央企专项审计和上市公司年审。遇到一个好的项目经理，真挺幸运的。他教我怎么编制审计底稿，还给机会让我负责了几个子公司的往来科目，以及主要子公司和上市母公司的内部控制审计，最后还教我怎么编制现金流量表，我也试着编制了几个很简单的子公司现金流量表。当时作为实习生做这些，压力真是很大，觉得理论跟实务还是有很大差距的，不过也学到了很多实务经验，对审计行业有了比较直观的认知。

由于有了实习经历，毕业后我就正式进入天职国际开始了三年的审计生涯。那时候刚进所，所里为每个新员工安排了师傅，师傅主要负责新员工的工作和生活指导，我实习时的项目经理就是我的师傅。审计的常态是出差，对于刚毕业的我来说，非常有新鲜感，毕业后半年时间就到过西安、陇西、兰州、韶关、深圳等地，即使没有专门去玩，或多或少还是能看点风景、吃点美食，现在都还记得滨州馒头、青岛扎啤、西安肉夹馍、陇西绵羊肉、兰州拉面。期间我也做了劳保和社保的专项审计、上市公司收购尽职调查、上市公司预审等。下半年的业务还是比较轻松的。年底开始预审，为了提高年审的效率，我们同时进行了内部控制审计，包括对销售与收款循环、采购与付款循环等主要循环进行测试，对于关键点的测试均有样本量要求，并且对是否构成一般缺陷、重要缺陷、重大缺陷的判断有失效样本量的标准，每一个循环都至少有一笔穿行测试。在这个过程中，我发觉内部控制审计中发现的问题确实能够为财务审计提供指引。

正式年审的时候，我负责了四个简单的子公司的审计，其中包含一个小合并，带队的压力比负责做几个科目大多了。我之前也没做过收入、成本科目的底稿，只能边参照上年度底稿边咨询其他同事，还要复核项目组其他人员的底稿，统筹项目进度，经常跟师傅沟通审计进度，向他咨询审计问题，感觉很充实，进步也很大。最后各项目组做完子公司审计又到了母公司汇总，这次我就编制了除母公司以外的所有公司的现金流量表，师傅还带着我做合并。这一次年审，让我对整个审计流程有了比较完整的了解。

由于所在城市属于三线城市，当时除了上市公司年审以外，没有其他如新三板、IPO(Initial Public Offering，首次公开募股)的业务，做完年审后也比较闲了。思考再三，我还是决定去一线城市闯闯，于是选择了离职。当时面试了瑞华、立信、大华、中审亚太，还约了天健、信永中和，不过面试立信之后就定下来了。虽然立信只给了审计员职位，中审亚太给的项目经理，大华和瑞华给的高级审计员，但是立信的品牌是非常吸引我的地方。只是后面才知道，部门业务和文化才是核心，我在立信做了短短三个月，只参与了一个新三板和IPO就走了。

想好了走我也很干脆，马上又找了瑞华。这次仔细询问了部门的业务，有四个上市公司年审项目，而且收费还不低，合伙人当时感觉也挺和蔼的，在谈了职位和待遇后就定下来了，职位是高级审计员，待遇也比立信高一些。在瑞华做了八个月，经历了两个上市公司年审，三个上市公司收购尽职调查。这段时间是我成长非常快的时期，也是最累的时候，经历了好几个通宵，幸运的我又遇到了一个非常好的项目经理，跟着她我学到了很多东西。那时候年前一家上市公司年审，年后又是一家。第一家年审时，合伙人就让我带队做外围的五家子公司审计，有一家规模比较大，是主要子公司，分配给我的是两个实习生和一个没有审计经验的新入职伙伴，而且给我规定了时间。这个在其他人看来是不可能完成的任务，后来才知道项目经理和其他同事在总部听说我在做外围公司的速度都惊呆了。我自己也感觉当时就是“飞起来”的节奏，有时候上午才进场，合伙人晚上就在群里问我底稿做完没，甚至进场第二天中午就给我们项目组买了去下个公司的机票。公司资料盖章都是财务带着公章在酒店盖完的，差点赶不上飞机。合伙人还要求每家公司现场就要装订好底稿，做好TB(Trial Balance，试算平衡表)和附注。基本上去下个公司的前两天，我都是在整理前面的底稿，年前终于做完子公司在母公司汇合，过年回家狂睡了几天。年后又去母公司整理了几天底稿，我还以为我把子公司底稿整理完就好了，项目经理还让我编制集团所有公司的现金流量表，做综合类底稿。我发觉现金流量表真的要负责人自己编制，不然没做过的人直接编制现金流量表很容易出错。又熬了好几个通宵我才弄完，多亏了项目经理的指导。

本来下一家上市公司也是项目经理带队去的，但是由于一些原因，合伙人没让他去，我们都挺失望的，也为后面的离职埋下了伏笔。后来下一家子公司合伙人说他亲自带队，结果第一天就走了，给我分配了十几家子公司，当时我就无语了，还让我先做附近的子公司，顺便负责现场，然后再去外地子公司。后面年前的上市公司TB不断在调整，我要不断改底稿，基本都是白天做这家上市公司，晚上做另一家上市公司，那段时间每天都睡不了几小时。做完年审就松了一口气，感觉不知道怎么拒绝合伙人，规定什么时间就是什么时间，把自己逼得太累，前面抓紧时间做完了，后面的时间更短，时间长了还要被批评，吃力不讨好。项目经理那时候正准备去另一个所当合伙人，于是就问我要不要跟他一起去，我没犹豫就答应了。就这样，结束了我在瑞华八个月审计生活。

事务所的生活结束了，感觉就是痛并快乐着。项目期间每天都很累，还要经常出差，跟我合租的室友一年看不到我几面，感觉跟他们就不是生活在同一个世界。宾馆像家，回家反而像短暂地住宾馆了。但是，我很充实，每天都在成长，即使是现在回想起来，也觉得在事务所期间很充实。

现在我在投行，主要做股权融资，事务所经验对投行来说太重要了。比如，IPO的申报材料大多需要财务数据作为支撑，再好的盈利能力也要体现在财务数据上面，对财务数据的敏感度及专业性最强的也不外乎审计了。有了在事务所工作的经验，我能够更好地与审计沟通，提高大家的工作效率。感谢在事务所的经历，感谢一直以来遇到的好领导，让我能够在事务所快速成长。没有注册会计师证书，我在事务所不会快速成长，更不可能进券商投行，证书跟经验才让一切成为可能。

A会计师事务所会计文化建设案例

A会计师事务所由财政部门批准设立并经深圳市工商部门登记备案，成立于2002年9月10日，专门从事年报审计，公司验资，企业合并、分立、清算事项中的审计，财务顾问，税务咨询等业务。该事务所是一家处于成长期的民营企业。员工四十多人，都具有本科以上文化水平，三十多人拥有注册会计师、注册资产评估师等资格，六人具备高级职称。

2012年事务所开展了一系列文化建设活动。

开展“诚信文化建设年”活动。加大对不诚信行为的处罚力度，保证审计质量，实行审计监督等制度，坚决查处有关出具不实报告的会计师事务所和注册会计师；加强文化建设，增强事务所文化的吸引力和影响力，形成良好的文化氛围；积极参加专案审计会议，为会计、审计准则等的制定提供专业的建议；鼓励员工走在行业的前列，积极发表学术论文，出版专业书籍，提高业界声誉；组织丰富的娱乐活动，发挥工会的力量，让职工拥有多姿多彩的业余生活，指导员工进行正确的情绪排解，自我开导，积极参加工会活动，形成一个和谐、积极向上的文化氛围。

组织培训，提高业务水平。人才是事务所发展的基础，事务所之间的竞争归根结底是人才、知识及服务的竞争。科学合理地选拔优秀人才，合理配置人力资源，留住优秀人才，已成为企业竞争的焦点。要充分发挥职工的主动性，把自己作为事务所的主体，在保障职工合法权益的前提下，在管理事务所的过程中使职工都能全程参与其中并使其个性得到发挥和展现，使职工认可事务所，事务所的发展才会越来越好。注册会计师行业是一个知识更新相当快的行业，这就要求审计人员不断地进行自我知识的更新与储备。事务所也要进行组织培训，努力提高业务水平，构建职工发展的平台，职工对会计师事务所具有归属感、荣誉感和集体荣誉感，把自身的发展和企业的发展有机结合在一起，做到和事务所共进退、共发展。

扫描二维码，获取本章小结。

本章小结	学习笔记

第四章
会计道德文化

泱泱中华国，上下五千年。中华文化博大精深，而作为其分支之一的会计文化亦源远流长。会计文化是一种非常讲究职业道德的文化。

道德是人类历史最早的社会意识形态之一，是由社会物质生活条件决定的社会意识形态，有其自身的产生、演变和发展规律。道德是职业道德产生的基础，也是会计职业道德发展的源泉。同时，职业道德(包括会计职业道德)在不断完善与深化道德的内容和时代特征。就现代会计而言，会计文化已超越了传统的计算文化和账册文化，形成了一种信息文化和社会服务文化，会计人员正是在这种特定类型的会计文化中受到熏陶。

第一节　会计职业道德的产生

一、会计职业道德的形成

会计作为一项记录、计量和考核收支的工作，具有极强的专门技能特点，是一门历史悠久的职业。会计从经济主体的个别行为逐渐发展成为具有普遍性的社会行为。在这个过程中，伴随着会计技术方法的发展和日渐成熟，会计准则体系和审计准则体系的建立和完善，逐渐形成了一整套约束会计人员行为的道德规范。会计职业道德就是从事会计职业的工作人员在职业活动中应当遵守的行为规范的总和。

会计道德是通过会计人员的目的需要而从人的伦理行为和客观本性中萌发、产生和推导出来的。人性就是包括会计道德在内的道德之所以产生和推导出来的基础与源泉。会计道德实际上体现了人的一种行为活动，而人的行为活动是由一定的思想指导的，人的思想则源于人的需要。人的需要不仅仅表现为其动物属性，更表现为其社会属性，并且由其社会关系所决定。现实中的会计人员更是如此。会计人员如果缺乏职业道德、缺乏政策观念，不具备纪律性、原则性，就会在复杂的环境中迷失方向、为所欲为。

如果把企业所希望得到的财务成果作为一个结果函数，那么职业道德就是影响一个人能力发挥的因数。一个人能力发挥的程度，往往取决于他所具备的非智力因素，即思想认识、责任意识、职业理想、职业观念等职业素养。职业素养越高，能力发挥也就越强；反之，如果职业素养低下，即使有再高的专业技能，也无法获得希望得到的结果。如果一个人具有错误的思想认知，不负责任甚至严重失职，将会给企业与社会带来难以预测的危害和不可估量的损失。会计工作专业性强，又比较繁杂，会计信息的重要性要求会计人员不仅要掌握过硬的专业技术，而且要具有优秀的职业道德。

扫描二维码，获取会计职业道德形成的相关内容。

概念精讲	学习笔记

二、会计职业道德的特征

会计职业道德与会计活动或行为是息息相关的，是从社会与经济生活之中的会计活动中提炼出来的。因此，会计职业道德的特征与会计职业活动的特征有着内在的联系。具体地说，会计职业道德的特征主要体现在以下三个方面。

(一)自觉性与强制性相结合

一般而言，会计职业道德有一定的自觉性，主要是依靠人的内心的能动性去实现的。会计人员要按照已经形成和掌握的道德观，自觉地履行自己应尽的职责和义务。例如，一方面，会计人员要认真地审核原始凭证，避免不真实、不合法或不准确、不完整的原始凭证出现，这需要会计人员恪尽职守、坚持原则；另一方面，这些行为又与强制性相结合。也就是说，如果未按照规定填制、取得原始凭证，或者填制、取得的原始凭证不符合规定，将会受到法律的制裁。必须特别指出的是，某一种会计现象，可能既属于道德调整的范畴，又属于法律调整的范畴。法律与道德的融合，既加强了道德的力量，又增强了道德的威严。坚持原则、依法办事，都为道德和法律所包容；违反道德，同时也是违反法律，既要受道德的谴责，又要受法律的制裁。

(二)规范性与灵活性相结合

会计职业道德的规范性表现在其很多都是以规范性的文件发布出来的，如《会计基础工作规范》是由财政部门按照一定的程序制定并颁布实施的。道德规范明确、具体，职责和义务分明，使会计人员很容易将各种言行与之对照，得出肯定或否定的结论。会计职业道德在其内容的表现形式上是十分灵活的，如“爱岗敬业”是一句口号，没有规章强制规定，更没有法律要求强制执行。对这些灵活多样的道德内容的表现形式，会计人员易于接受，不会产生压迫感和抗逆心理，推广起来也较为容易。实际上，不少带有规范性的道德，都是通过灵活的表现形式推而广之的。

(三)经济实践性与广泛渗透性相结合

会计职业道德全面、深入、系统地扎根于社会与经济生活最基层的价值运动中，与社会经济实践活动密切地联系在一起。会计作为社会经济活动中的一种特殊职业，其职业道德对于经济实践来说，是保证社会再生产过程有效运行的重要工具。它不必消耗物质材料，不必开展大规模活动，不必花费大量成本，只需要武装人们的思想，即可约束人们的行为，使其行为合理、合法。会计职业道德的这种经济实践性，决定了凡是有经济活动的地方就存在会计职业道德。会计职业道德无时无处不在，它渗透并影响着每一个公民，特别是渗透到会计人员的意识中去，形成他们的会计道德意识，培养他们的会计道德习惯，从而达到规范他们行为的目的。会计职业道德的经济实践性与广泛渗透性相辅相成、相互促进。

三、会计职业道德的作用

会计人的行为规范、思维方式、价值观念、知识体系等共同构成了会计行业有形和无形的财富。会计职业道德在经济活动中发挥着重要作用，主要表现在以下几个方面。

第一，会计职业道德可以调节会计活动，纠正人们错误的会计行为，并指导社会经济实践活动。会计人员避免不了要与钱、物打交道，稍有私念、贪念，就会走上犯罪的道路。同时，他人的许多经济犯罪活动往往也会在会计工作中有所反映。每个会计人员都应坚持原则，应以客观公正、实事求是的工作态度对待会计工作，在处理会计业务时坚持原则、依法办理，预防和制止违纪、违法现象的产生。会计人员拥有良好的职业道德观，不仅自身要清白做人，而且还要敢于纠正他人的违规行为。会计人员以高度的主人翁责任感对待自己的工作，在工作中做到认真、细致、不出差错，保证会计信息的质量，使财务会计报告真实、完整。

具体地讲，会计职业道德规范规定了会计人员在履行职责中应该怎样做和不应该怎样做，即从道义上规定了会计人员应以什么样的思想、什么样的态度和什么样的作风待人、接物、处事、完成本职工作。会计职业道德规范是财经法律、法规和制度所不能代替的。非法行为肯定不道德，但也可能存在不道德的合法行为。

第二，会计职业道德能够通过会计道德判断、会计道德标准和会计道德理论等形式反映会计人员与他人、与社会的关系，向人们指明会计人员在现实世界的价值关系中的取向。会计职业道德认知通常会转化为人们的内心信念，推动人们的会计行为从“现有行为”向着“应有行为”转化。会计业务日趋多样、复杂，会计工作中难免会存在着各种复杂的关系和矛盾。比如，中外合资企业中的不同利益代表的会计人员之间的关系，经济责任制推行中的责任会计与财务会计的关系和矛盾等。面对众多的关系和矛盾，会计人员一方面应按政策、会计法规进行处理，另一方面可依靠会计职业道德进行调节，理顺会计工作中人与人、利益主体之间的关系，建立正常的工作秩序。

第三，会计职业道德在促使会计人员人格升华及提高其社会道德水准方面发挥着积极作用。会计职业道德促进人们从善而行之，促使他们人格不断升华、精神不断完善，而且会计道德评价、称赞及肯定又能加速这一升华的过程，不断塑造一代又一代忠诚、尽职的“会计卫士”。

会计职业道德对提高社会道德水准有着强大的助推力，会产生积极的影响。首先，会计职业道德通过会计人员参加各种社会活动直接影响社会道德。会计人员确立了会计道德观念后，将其转化为自己的内心信念、责任感和职业荣誉感，形成较高的精神境界和思想觉悟，自觉约束自己的行为，避免或减少与他人、社会的矛盾和冲突。其次，会计职业道德间接地影响社会道德。会计人员在工作过程中讲究会计职业道德，行为中始终体现出一种精湛业务、服务大局的会计文化，一种诚信报国、客观公正的会计文化，一种锐意进取、开拓创新的会计文化。再次，会计职业道德还可以通过会计人员的家庭生活影响社会公德。会计人员形成高尚的职业道德之后，也必然会将其优秀品质带入家庭生活，形成尊老爱幼的良好家风。同时，也会影响邻里和社会中的人际交往关系，影响公共场所的道德风气，促使人们礼貌待人、遵纪守法，有利于形成良好的社会风气。最后，会计职业道德的促进功能还体现在能够提高企业的经济效益上。对于一个企业来说，效益始终是其重点。会计人员要以此为己任，精益求精，发挥其主人翁的责任感，做好会计核算，加强财务监督，帮助企业作出正确的经营决策，为提高企业的经济效益作出积极的贡献。

第二节 会计道德文化的内容

会计职业道德规范是根据会计这一职业的特点，对会计人员在社会经济生活中的会计行为所提出的道德要求。会计职业道德规范既是会计人员在履行其职责活动中所应具备的道德品质，又是调整会计人员与国家、不同利益群体或会计人员相互之间的社会关系及社会道德规范的总和。这种道德要求是会计人员在长期会计实践活动中形成的，通过一定的习惯方式固定下来的，并为大家所共同遵循的行为准则。会计职业道德强调的是会计职业的道德，它本身反映了会计职业中带有规律性和共性的东西，重在人，重在“职业”二字。它要求会计职业在确定、计量、处理和传输经济信息时做到可靠、相关、有用。

国际会计师联合理事会和国际会计师职业道德准则理事会制定的《国际会计职业道德准则》在前言中明确指出，每个会计人员在与他人交往中，要遵守职业道德原则，并据以处理自己与客户、雇主、雇员、同行及公众之间的关系。会计人员职业道德从内涵上讲主要内容包括以下三个方面：一是会计职业对会计工作的客观要求(客观、公正、公平、可靠、相关、有用等)，二是从事会计职业的人员的德行(职业诚信、职业品质、职业态度、职业技能、职业理想、职业作风等)；三是会计职业胜任能力，是指会计人员应当具备的胜任其职业职责的能力。将会计人员的品德、职业态度、职业理想与会计职业紧密地结合起来，构成会计人员的职业道德。

一、爱岗敬业

爱岗敬业是做好一切工作的出发点，也是会计人员职业道德的首要前提。只有建立了这个出发点和前提，会计人员才会勤奋、努力地钻研业务技术，使自己的知识和技能胜任所从事的会计工作。

(一)爱岗的含义

爱岗就是热爱本职工作、安心本岗工作，守职尽责。会计人员要热爱会计工作，尊重会计职业，培养工作的幸福感、荣誉感。从业者不仅在日常的工作中需要付出劳动，还应当在面临各方利益冲突的情况下作出正确的选择，在个人所承担的责任和与之相对应的多方权利主体之间达到权利与责任的均衡与平等。

“知之者不如好之者，好之者不如乐之者。”拿破仑·希尔说过：“个人成功的因素很多，而居于这些因素之首的就是热情。没有热情，不论你有什么能力，都发挥不出来。”有些人并非缺少才华，他们在某一领域里的丰富知识甚至令其他的人望尘莫及，但他们的事业并不见得有什么起色。有些人不一定具备渊博的专业知识，但由于对工作充满了热情，反而创造了显著的业绩。有人说：“热情是假装不来的。”当一个人对自己的工作充满热情和勤奋的时候，他便会全身心地投入自己的工作之中，他的自发性、创造性、专注精神等对自己工作有利的条件便会在工作的过程中表现出来，就能够把工作做得更好。

会计人员的爱岗是会计人员的一种意识活动，是敬业精神在其职业活动方式上的有意识的表达。敬业和爱岗是紧密联系在一起的。爱岗敬业需要由具体的行动来体现，即要有安心会计工作、献身会计事业的工作热情，严肃认真的工作态度，勤学苦练的钻研精神和忠于职守的工作作风。

会计职业道德中的爱岗意识是通过会计人员在实践工作中的具体行为表现出来的。目前，现实过程中所暴露的一些弊端，很大程度上是由会计人员缺乏爱岗意识所造成的。比如，由于不重视业务的继续学习、会计业务处理不规范，致使会计信息失真，扭曲了基本的经济事实，掩盖了经济运行中的许多矛盾，使监督和调控失去了可靠的数据信息基础，进而导致重大财政、经济决策的失误。更严重的是，虚假信息干扰了政府风险预警系统，从而使得政府监管部门不能及时发现、防范和化解企业及金融机构的财务风险。

(二)爱岗的基本要求

美国第25任总统麦金莱曾说过:“比其他事情更重要的是,你们需要尽职尽责地把一件事情做得尽可能完美。与其他有能力做这件事的人相比,如果你能做得更好,那么,你就永远不会失业。”不管你从事什么样的工作,都应该全身心地投入。选择了会计这份工作就等于选择了相应的责任,要有尽心尽责的态度。

首先,要对单位负责。对单位负责主要表现为对单位财产安全和资金的有效运作负责。会计机构和会计人员必须对单位的财产安全负责,并且由于会计人员有理财方面的优势,还应对资金的有效运作负责。

其次,要对债权人和投资者负责。企业内部会计人员必须真实地反映企业的财务状况,准确分析投(融)资行为可能产生的后果,以便让投资者、债权人正确作出投(融)资活动的判断和决策。以独立身份存在的注册会计师需要对被审计单位的财务状况和经营成果作出客观、合理和公正的评价,并使其所出具的审计报告成为债权人和投资者作出决策的有用依据。

最后,要对国家负责。任何一个法人组织的经济活动,都是整个国民经济的一个组成部分,其经济活动是否合理、合法,都直接或间接影响着国家的财政收支。会计信息是否真实、完整、准确,影响国家宏观经济调控的决策,提供真实、准确、完整的信息,也是对社会整体利益负责。所以,衡量会计人员是否称职的基本标准之一就是看他们是否能对社会整体利益负责。

(三)敬业的含义与重要性

敬业就是用一种严肃的态度对待自己的工作,勤勤恳恳,兢兢业业,把平凡的会计工作当作伟大的事业来做,认认真真地做每一件事,兢兢业业地完成每一项工作。会计职业道德中的敬业,就是会计人员充分认识到会计工作在经济活动中的地位和作用,以从事会计工作为荣,敬重会计工作,有献身于会计工作的决心。

人们在选择职业乃至在从事该职业的整个过程中,自始至终都是以他们对职业的认识程度及所采取的态度作为行动的指导,因此而产生的后果自然会对职业道德规范作用的发挥产生巨大的影响。行业本无贵贱之分,但由于不同的社会背景,行业不同给个人所带来的政治利益、经济利益和社会地位也不同。于是,在人们的意识里,行业就有了贵贱之分，也就有了人们挑选职业、不敬重职业的行为。在任何一个社会里，都存在着各种各样的职业，每一种职业都有其存在的客观必然性，都在发挥其特有的作用。就像一栋漂亮的房屋有门、有窗、有砖、有瓦、有梁一样，尽管人们都希望做“栋梁”、做“门面”，但没有砖、瓦、窗，房屋一定难以成形，也不会美观。以上这些组件本无贵贱，只是在房屋的整个结构中发挥着不同的作用而已。

会计人员不敬业的原因在于对所从事职业的认识不够、态度不端。会计人员若对会计工作认识局限于只是算算账、记录一下经济业务，或者认为这项工作仅是谋生的工具，那么，在工作中或迟或早地会表现出“懒”“惰”“拖”“贪”的不良行为，给会计职业及其声誉造成极为不良的影响。

“懒”是会计人员对会计工作不积极主动，对业务知识的学习不积极，对会计工作的认识不足的主要表现。会计人员的“懒”表现在处理经济业务时不能做到日清月结，平时不做账或十天半月才做一次账；他们在业务知识的学习上，认为不学也够用，学了也没什么用，工作能够应付过去就行了。“懒”使会计工作出现错误的可能性大大增加，甚至会给不法之徒带来可乘之机。

“惰”是会计人员在会计工作中处于一种被动的工作状态的表现，从不积极主动工作和学习。只是在工作中完成制度规定的任务，从不做没规定或没人安排的工作。会计既是一门科学，也是一门艺术。这就要求会计人员积极地去完成，而不只是被动地工作。“惰”会使会计工作失去主动性，给企业的经营管理造成负面影响。

“拖”主要表现为会计人员对本应即时完成的事情拖拉，造成人为的延迟。拖沓的会计人员办事不利索，常喜欢把当天的事留到第二天做。会计人员这样办事，既有损于会计职业和会计人员的形象，也会助长其官僚主义作风。

“贪”是会计人员利用职务之便非法牟利的根源。会计人员若没有良好的职业道德，很容易利用职业特权，有意或无意地“贪”。贪欲强的会计人员是只要有机会就贪，手段多样，不计后果。有的是监守自盗，有的是集体贪污，还有的是以权谋私。会计人员的“贪”，不仅损坏了会计职业和会计人员在人们心中的形象，还会对企业产生不良影响，甚至带来严重后果。

敬业是一切行业或职业的职业道德和职业操守的最基本的规范，是全部职业规范的核心。不敬重本职工作的人根本谈不上爱岗，更谈不上责任和动力。从某种程度上说，敬业就是爱己。敬业要求从业者热爱自己的职业，树立职业责任感和荣誉感，忠实地履行自己的职责，努力做好自己的本职工作。

（四）敬业的基本要求

敬业精神要求会计人员在工作中做到“勤学”“勤练”和“勤思”。

“勤学”是要勤奋学习。学习力是成长力。在日新月异的社会中，没有扎实的专业知识的支撑，职场道路的发展会很困难。会计作为一项经济管理工作，对会计人员的业务素质有着很高的要求。会计人员不仅要具有较高的经济和会计理论水平、政策法规水平、文字表达水平和相关业务知识水平，而且还要有较强的会计实务操作能力、财务管理能力等。要做一名业务精、技术硬的会计人员，需要付出持续的努力，不断学习，从而不断提高自身的业务素质。学习是最好的“长期股权投资”，适用于“权益法”核算，可以合并在会计人员的“人生报表”中。

“勤练”就是多操练。会计既是一门理论性很强的学科，更是一项注重实践、具有较强操作技能的技术工作。会计人员除了要有深厚的理论知识外，还要有精湛的业务技能。要想将学到的专业技术理论转化为技能技巧，关键在于理论联系实际，积极参加社会实践活动。通过实践，反复操练，不仅可以了解新情况，增加新知识，还可以培养一个人的综合素质，提高业务能力。

“勤思”就是在学中思、思中学，不断学习、思考、实践、探索，总结经验，提高业务素质水平。智慧源于思考，思考的高度决定了人生的高度。会计人员要具备高超的技术，掌握过硬的本领，必须谦虚好学、刻苦钻研。要做到向书本学、向社会学、向自然学，并且活到老、学到老，不断地提高自己的业务水平、理论水平，推动会计及会计工作和会计职业向前发展，适应不断变化的新形势和新情况。

综上所述，只有勤学多思，勤问多练，刻苦钻研，才能真正做到敬业。爱岗是会计职业道德规范的前提和基础。会计人员没有爱岗敬业的精神，就没有提高业务知识和业务技能水平的驱动力，就不会珍惜会计这份工作，就不会爱惜会计职业的声誉和形象。所以，加强会计人员爱岗敬业意识的培养是完善企业职业道德一项不可或缺的重要内容。

会计是社会分工中一种不可或缺的职业。会计人员只有热爱本职工作，爱岗敬业，才能忠于职守，做好本职工作。树立正确的职业观，必须对自己从事的职业的重要性有正确的认识。一个人对自身职业的热爱，最根本的体现就是对这一职业的深刻理解。树立正确的会计职业观，也来自会计人员对会计工作的深刻理解和深深的热爱。因此，在会计工作实践中不能因为懂得一点基础知识，有一时的爱好，就骄傲起来，而应该在原有的基础上，主动地、不断地学习，使自己的会计知识日积月累，运用起来得心应手，会计工作就会做得更好。

扫描二维码，获取“爱岗敬业”的相关内容。

概念精讲	学习笔记

二、诚实守信

诚实守信是会计人员的基本道德素养。春秋时期的思想家孔子说：“人而无信，不知其可也。”苏联作家高尔基说：“人类最不道德之处，就是不诚实和怯懦。”在源远流长的人类文明史中，诚信一直被视为一项重要的道德品质。

（一）诚实守信的含义

楚简《忠信之道》云：“信之为道也，群物皆成，而百善皆立。”诚信是“道德之基”“百善之首”，是其他道德品质形成的基础。诚信之人，不因利益而放弃原则，不因困境而背弃约定，不因挫折而改变方向，不因时间而淡忘誓言。诚信，金子般的品质，大浪淘沙，虽经千年而不损丝毫，虽历万难而不减半分。诚信之人，万古流芳。诚信之德，不仅可以修身齐家，还可以兴业治国；不仅可以正心，还可以立行。

诚实守信的力量是强大的，它能够帮助我们不断提升自己的能力，让我们在工作当中被信赖和支持。诚实守信的人拥有亲和力和凝聚力，人们都愿意和那些讲诚信的人合作。因为和讲诚信的人合作才会让人有安全感，这是一种基础的保障。诚实和守信两者意思是相通的，是相互联系在一起的。诚实是守信的基础，守信是诚实的具体表现。不诚实很难做到守信，不守信也很难说是真正的诚实。诚实侧重于对客观事实的反映是真实的，对自己内心的思想和情感的表达是真实的；守信侧重于对自己应承担、履行的责任和义务的忠实，履行自己的诺言。

诚信是市场经济的“润滑剂”，是会计的“维生素”。对于每一名会计人员而言，诚实守信是自己的“金字招牌”，这样的人是企业最信得过的人，这样的人才能获得更多的发展机会。诚实守信就是要求会计人员尽最大的努力，围绕企业经济运行的总体目标，在反映企业对外交往和商品交易过程中切实做到诚实可信、遵守承诺。

会计行业目前最缺的是最质朴、最淳厚、最容易遗失的东西——“诚信”。信用的缺失问题已不由分说地摆在每一名会计人员面前。一项《上市公司信息披露质量调查分析报告》显示，对于上市公司披露的会计信息，只有8.45%的个人投资者认为可信，而所有的机构投资者都认为不可信或者不完全可信。这样的结果，如何保证经济转型的快速发展，如何吸引投资者？

从我国目前会计市场的整体状况看，不良会计行为呈现以下几个新的特征。

一是从造假行为看，我国新兴的“公司上市”问题极大地刺激了企业牟利的动机。这些行为产生的根源也在于此。因此，围绕证券市场的信息披露行为成为当前不良会计行为的多发区域，且采用的方法手段向多样化发展：从操纵利润到伪造销售单据，从关联交易到大股东占用资金，从虚报固定资产投资到少计提折旧。

二是从行为主体看，法人行为多于个体行为。因为当前的不良会计行为多数表现为以法人为主体的集体行为，而非传统的内部某个或某些会计人员的贪污、挪用或侵占资金行为。比如，上市公司的会计舞弊行为，往往都是代表整个企业总体架构的董事会、总经理、财务总监串通一气的结果，由此而导致了做假行为的多样化和隐蔽化。有些企业为了满足自己的私利，应对各种检查，往往欺上瞒下，弄虚作假，报喜不报忧，按照领导意图制作会计假账，严重违反了会计制度，扰乱了经济秩序，损害了企业信誉。

三是不良会计行为的原因是多方面的，既有主观上的，又有客观上的。主观上，会计人员专业素质偏低，一些会计人员缺乏必要的会计职业道德知识，对遵守职业道德没有清醒的认识或者没有足够的重视，缺乏自我控制能力。客观上，一方面是受社会风气的影响，在经济体制转轨的过程中，社会上出现了弄虚作假、哄骗欺诈、偷税漏税、以权谋私等一些违背诚信的不良现象，使部分会计人员心理失衡，也参与到弄虚作假的行列中；另一方面是受执业环境的影响，目前我国会计职业道德的法律规范尚不完善，对违反职业道德的行为缺乏具体的惩治措施，而对坚持原则、严格遵守职业道德的会计人员也缺乏必要的法律保障和奖励制度，使一些会计人员迫于单位领导的压力，参与会计造假。

保证会计信息的真实性，是会计工作的核心，是会计工作的生命，是保证会计信息质量的关键。会计信息失去了真实性，丧失其应有的作为改善管理、防范风险、正确投资的依据的作用，将产生严重后果。因为失真的会计信息不仅会误导投资者与债权人，使其决策失误，而且会导致国有资产和财政收入的大量流失，扰乱国民经济宏观调控和市场经济秩序，助长贪污腐化之风，使社会风气日益恶化。会计职业也会因此陷入严重的社会信任危机之中。为了治理会计信息失真的问题，有效遏制其社会危害性，会计界人士提出了多种对策。

(二)诚实守信的基本要求

1. 做老实人，说老实话，办老实事，不弄虚作假

做老实人，要求会计人员言行一致，表里如一，光明正大；说老实话，要求会计人员说话诚实，如实反映和披露单位的经济业务事项；办老实事，要求会计人员工作踏踏实实；不弄虚作假，不欺上瞒下，不为了个人和小集团的私利，伪造账目，损害国家和社会公众的利益。会计人员诚实守信的道德观念如何，将直接影响会计信息的真实性和完整性。

孟子说："诚者，天之道也；思诚省，人之道也。"会计人员不仅要口诚，还要心诚、意诚。诚实是前提，是因；守信是果，是具体表现。会计人员一般处事比较严谨，从举手投足和言谈之中可以看出。会计人员要比一般人沉稳，不张扬，也不夸夸其谈，要谈也是有理有据地谈，有数字、有依据地谈。这种沉稳，是在说什么或做什么的时候，都在心中进行了思索和考量，因为会计人员知道自己要为所说的或所做的负责。

2. 保密守信，不为利益所诱惑

在会计工作中，保守秘密是指会计人员在执行业务过程中对直接或间接所获悉的有关国家秘密和商业秘密保密，不得传播或让他人知晓。诚实方能守信，诚实是守信之基，守信是诚实之用，诚实守信实为一体。诚实守信是"无形资产"，是"长期投资"，是发自内心自律性的道德范畴，是一种软实力。会计人员因职业特点经常接触单位和客户的一些秘密，应依法保守秘密，这也是诚实守信的具体体现。

秘密主要有国家秘密、商业秘密和个人隐私三类。商业秘密又可分为三类：一是不能向竞争对手公开的秘密，包括生产技术、经营诀窍、经营策略、客户及市场情况等；二是对投资者保守的秘密，主要是上市公司在有关信息正式发布前应保守的各项秘密，如尚未正式公布的财务数据、重组计划或意向等；三是对内部人员应保守的秘密，包括上述两类

对除有知悉权以外的人员保密，有些管理活动的方式不能公开等。

3. 执业谨慎，信誉至上

诚实守信要求会计人员在工作过程中始终保持应有的谨慎态度，维护职业信誉及客户和社会公众的合法权益。会计人员在执业过程中应始终保持谨慎的态度，对客户和社会公众尽职尽责，以维护职业信誉。注册会计师在选择客户时应谨慎，不要一味地追求营业收入，而迎合客户不正当的要求；注意评估自身的业务能力，正确判断自身的知识、经验和专业能力能否胜任所承担的委托业务；严格按照独立审计准则和执业规范、程序实施审计，对审计中发现的违反国家统一的会计制度及国家相关法律制度的经济业务事项，应当按照规定，在审计报告中予以充分反映；在接受委托业务后，应积极完成被委托的业务，认真履行合同，维护委托人的合法权益。

三、廉洁自律

遵纪守法、廉洁奉公，既是中华民族的传统美德，也是会计工作者职业道德的核心规范。会计人员经常与财物打交道，掌握着一个单位的财务处理权力。处在这样的特殊工作条件下，会计人员决不能把这种职业权力作为牟取私利的特权。

(一)廉洁自律的含义

会计是替单位理财的职业，不是为自己理财的职业。廉洁是指廉洁奉公、坚持原则，不利用职权损公肥私，不能挪用、侵吞单位的一分钱。廉洁要求会计人员经得起金钱、权力、美色的考验，要坚持原则、依法办事。自律是指行为主体能够自我约束、自我规范。

廉洁和自律具有辩证统一的关系。不廉洁就谈不上自律，自律性不强就很难做到廉洁。会计必须既廉洁又自律。会计人员只有树立正确的价值观和人生观，才能实现自我约束，保持洁身自爱；只有加强会计行业自律建设，才能实现自律养廉。作为掌握单位钱财物的会计人员，如果放松自己对廉洁的要求，就会给国家、给人民造成经济损失，给自己、给家人留下难以弥补的遗憾。

(二)廉洁奉公是会计职业道德的基本原则

会计职业道德有两个最重要的原则：一是依法理财原则，二是廉洁奉公原则。这两个原则，既体现了集体主义原则，又体现了会计作为一项管理活动的基本特点和要求。会计职业道德中的依法理财、廉洁奉公原则，是党和国家对会计人员职业行为提出的最基本的道德要求，是衡量会计人员思想和行为的基本行为准则。会计职业道德的两个原则是会计职业道德规范、范畴和特殊要求的总纲，决定着整个会计职业道德体系的性质和方向，从根本上指导着会计人员在职业生活中正确处理同行之间，个人与其他社会成员之间，个人与集体、社会、国家之间的关系。

从一般意义上讲，廉洁奉公就是洁身自好，为公众谋事。会计职业道德把廉洁奉公作为原则，是会计工作的特殊职能所决定的。会计人员的职业工作说到底就是理财，就是对金钱和物资的管理，廉洁自律的天敌就是“贪欲”。会计人员因其职业特点，经常受到“贪欲”的诱惑。一些会计人员利用职务之便，贪图金钱和物质上的享受，自觉或不自觉地利用职业特权行“贪”。有的被动受贿，有的主动索贿、贪污和挪用公款，有的监守自盗，有的集体贪污，还有的以权谋私。也正是这种时时与钱物相联系的职业，决定了会计人员必须是一个在经济上廉洁奉公、公私分明的人。会计人员在社会中职业威信和荣誉的取得，很大程度上依赖这种道德品质。如果做不到这一点，会计工作就会失去其自身的价值和意义。

(三)廉洁自律是会计职业道德的更高层次

自律是会计职业道德的最高阶段，也是职业道德建设的最高目标。目前的会计职业道德处于他律与自律相结合的阶段，人们都期望它的发展会迎来又一次飞跃，即发展到完全的会计自律阶段。

自律的基本形式可分为会计行业自律和会计个人自律。

会计行业自律是介乎于会计他律与会计个人自律之间的一种自律形式，它是由会计行业组织(会计师协会、注册会计师协会等)进行监督并引导执行的会计职业道德规范。由于会计行业组织是自发形成的群众性组织，会计职业纪律对成员或非成员没有法律约束力，因而相对于国家法律、法规、制度而言，它属于会计自律范畴，但对于会计个人自律而言，它又具有他律的某些特征。

会计个人自律是指会计人员靠内心道德感和职业良心来实现会计道德上自我完善的追求。它是一种自愿、自觉、自发的内心追求行为。会计人员的个人自律是会计职业道德的最高境界。一个有着崇高自律精神的会计人员，其会计行为结果一定会客观、公正，也一定能得到社会的承认和好评。每个会计人员的自律性强，则整个会计行业的自律性也强。会计人员应当不断完善自我，不断提升自己的职业道德水平，实现从他律向自律阶段的转变。

会计工作点多、面广，又是与钱财打交道，会计人员单独外出工作、单独处理问题的情况比较多，光靠法律、法规、制度和领导、同事、舆论的监督是不够的，必须有一种内在道德意志来约束自己。许多会计人员，不为金钱所诱惑，自觉抵制不正之风，坚持自律。但也有少数人，甚至某些领导干部，利用工作便利，利用手中的权力，利用社会各种关系网络，置国家、集体和人民的利益于不顾，私欲膨胀，贪赃枉法，这些都是与“慎独”精神格格不入的。自律是在实践中实现的，是在明确职业道德目的、意义和自己应承担的道德义务基础上逐步发展而形成的。没有职业实践的反复进行，没有内心世界的思想斗争，没有意志的磨炼，自律的境界是很难达到的。

会计职业的自律是一种无形的约束，存在于会计人员的心中，是一种内在素质的表现，是一种软实力。例如，会计职业理想中的择业目标，或维持生计，或发展个性，或承担社会义务，或兼而有之。又如，会计工作态度，在工作中认真负责，精益求精，积极主动，勤学好问。再如，工作作风，在工作中严谨仔细，勤俭理财，严格按会计规范办事，自觉抵制各种诱惑等。这些都需要会计人员时时修行，要经过无数次的考验，要面对无数次的诱惑。

每个会计人员都应具有自律能力，不管有无纪律约束，不管有无监督，都能自觉地遵守会计职业道德规范，不做违背职业道德的事情。会计人员应做到：第一，自尊自爱，要有做人的尊严、高尚的情操和良好的品质，珍惜自己的名誉，珍爱自己的岗位，自觉抵制各种不正之风的侵袭；第二，加强道德修养，经常自我反省、自我检查和自我约束，做到一日三省；第三，从小事做起，从一点一滴做起，防微杜渐，严格要求自己，做到金钱面前不动摇，利益面前不妥协；第四，自觉接受社会的监督，听取大家的意见，敢于批评与自我批评，做到“有则改之，无则加勉”。

四、客观公正

客观公正是会计人员必须具备的行为品德，是会计职业道德规范的灵魂。客观是指会计人员在处理会计事务时必须以实际发生的交易或事项为依据，如实反映企业的财务状况、经营成果，会计核算要准确，记录要可靠，凭证要合法，不掺杂个人主观意愿，不为单位领导所左右；公正是指会计人员在履行会计职能时应公平公正，不偏不倚地对待有关各方，保持应有的独立性。客观公正，不只是一种工作态度，更是会计人员追求的一种境界。做好会计工作需要丰富的专业知识和专业技能，但这并不足以保证会计信息的质量，没有客观公正的工作态度，很难做到会计行为结果的客观公正。总之，会计职业的特点及屡见不鲜的舞弊现象，决定了客观公正在会计职业道德中的重要地位。

（一）会计人员在实质上和形式上应保持独立

独立与客观公正是密不可分的，超然独立的立场是保持客观公正态度的前提条件，失去独立性的会计人员不太可能具有客观、公正的心态。所以，要确保会计人员的客观公正，必须使他们具有独立性。当然，独立性也不能完全补偿缺乏客观性或品质上的公正性。例如，一名会计人员在形式上和实质上都是独立的，但他却不能以客观事实为依据进行判断，不能公平公正地对待利益各方，那么他就缺乏客观性和公正性，就会作出错误的会计判断，使会计结果显失公正。

独立性有两层含义，即实质上的独立和形式上的独立。

1. 实质上的独立

实质上的独立也称精神上的独立，是指会计人员在执行会计业务时应当不受个人或外界因素的约束、影响和干扰，拥有客观且无私的精神和意志。

(1)会计核算环节的独立性。会计人员在进行凭证、账簿、报表处理过程中，是按会计准则和会计制度进行的，不受他人的控制和干扰。

(2)会计监督环节的独立性。会计人员对凭证的受理与审核、钱物的监督等，是按会计法规独立操作的，不受他人的控制和干扰。

会计职业活动中，要保持实质上的独立，是一件不容易的事，除了会计人员内心有信念外，还须在机制上加以保证。

2. 形式上的独立

形式上的独立也称面貌上的独立，即会计人员应表现出适当独立的身份。

(1)财务利益上的独立。比如，有些企业会计人员是实行派驻制的，即会计人员与雇用单位不存在财务利益关系。

(2)回避近亲属关系。《会计基础工作规范》第十六条规定，“国家机关、国有企业、事业单位任用会计人员应当实行回避制度。单位领导人的直系亲属不得担任本单位的会计机构负责人、会计主管人员。会计机构负责人、会计主管人员的直系亲属不得在本单位会计机构中担任出纳工作。需要回避的直系亲属为：夫妻关系、直系血亲关系、三代以内旁系血亲以及配偶亲关系”。

(3)不相容职务。在会计处理过程中，有些职务是不能由同一会计人员或同一部门处理的，职务上应适当分离，包括钱、物、账应分离；申请、审批、处理也应适当分离。例如，《中华人民共和国会计法》第二十七条规定，“记账人员与经济业务事项和会计事项的审批人员、经办人员、财物保管人员的职责权限应当明确，并相互分离、相互制约”。

(4)部门独立。单独设置会计机构，直接向单位领导人负责，体现部门牵制的原则。尤其是不能把供销等主要收支部门与会计机构混在一起。

(二)会计人员应当保持客观公正的从业心态

会计人员对有关事项的处理、判断，应当基于客观的立场，以客观事实为依据，实事求是。经济事项具有多样性、复杂性、可变性的特点，作为会计人员，我们时刻要透过现象看本质，经过客观的分析后，赋予数字以生命和情感，让数字“开口”说话，用事实说话，用真相说话，也就是公正处理。例如，如果丢失原始凭证，可由当事人写出详细情况，经证实后由会计机构负责人和单位负责人批准，可代作原始凭证，予以报销。

会计人员在进行会计处理时，应不受外部因素所引导、控制和约束，不被他人左右。例如，一些上市公司业绩不佳时，往往采用延长折旧年限、不摊费用、虚构销售业务、资产不公平交易等手段，人为地提高经营效益，这时会计人员应该顶住所面临的压力，如实进行会计处理。

会计人员在进行会计处理时，要消除个人感情、推测、成见或偏见的影响，不能依自己的情绪来处理会计业务，否则易出差错，产生不良后果。

客观才能公正，主观臆断是做不到公正的。客观是前提，是因；公正是处理的具体表现，是果。通俗地说，客观公正就是一是一、二是二，是什么就是什么，不带任何感情色彩，不偏不倚，不带观点、不带私心、不带杂念。

五、坚持准则

俗话说：“没有规矩，不成方圆。”任何人做人都有准则，会计人员做人也有准则。会计人员的规矩就是财经法律、法规和国家统一的会计制度。会计人员在处理经济业务的过程中，要不为主观或他人意志所左右，始终坚持按照会计法律、法规和国家统一的会计制度的要求来进行会计核算，实施会计监督，确保所提供的会计信息真实、准确、完整，维护国家的利益、社会公众的利益、企业的利益和正常的经济秩序。

会计人员坚守的准则，是会计人员坚守的底线，是会计人员不能超越的红线、不能越过的雷池。一旦超越了红线，就会带来恶果，到时便悔之晚矣。职业道德中的廉洁自律是一种自我的、内在的素质要求，而坚持准则是对会计人员一种外在的要求，是对会计人员行为处事的一种约束。只有这样，会计的运行成本才最低，社会的交易成本才最低，才能为会计信息使用者节约时间和金钱。会计工作涉及社会经济生活的方方面面，会计人员必须以会计法律、法规和规章为准绳，正确处理国家、集体和个人三者的利益关系，把好财务收支合法性、合规性的关口，依法理财；会计人员必须具备高度的政治责任感，时刻保持清醒的头脑，既不助纣为虐，也不监守自盗。

(一)坚持依法理财

依法理财是会计职业道德的一个重要原则，是指会计人员在严格遵守国家法律、法规和规章的前提下，为所服务的单位理好财。在社会主义制度下，国家的法律、法规和规章充分体现了社会的整体利益，严格遵守法律、法规和规章，就是对社会整体利益的维护。同时，在社会主义条件下，又存在个人、集体、国家等不同主体的不同利益要求。会计人员应当为自己所服务的单位理好财、维护单位的合法利益。依法理财作为会计职业道德的基本原则之一，其主要内容包括以下几个方面。

第一，会计人员在工作中，要把国家的整体利益放在首位。无论在什么情况下，绝不做对国家有害的事情。国家的利益就是人民的整体利益。把国家的利益放在首位，具体表现为把遵纪守法作为自己理财工作的出发点，绝不做违反法律、法规的事情。

第二，依法理财就是要处理好为国家利益服务和为单位利益服务的关系。会计人员应在严守法律、法规的前提下维护单位的利益，绝不能为单位的利益损害国家的利益，也不能因此而忽视单位的合法利益。

第三，在为单位理财的过程中，会计人员要正确处理单位整体利益与个人利益的关系。从总体上说，单位的整体利益与个人的利益是一致的。但在实际生活中，单位的整体利益和个人利益却往往存在矛盾。会计人员在理财工作中，不允许任何人因个人利益而损害单位的整体利益，应该按照有关政策来合理协调两者的关系，使两者在可能的条件下达到和谐统一。

随着改革的不断深入，新的法律、法规不断颁布和实施，这就更要求会计人员不断学习、更新和补充相关的法律知识，以保持和发展自己的专业技能，提高自己的业务能力。但同时更为重要的是，会计人员在实际工作中应遵守这些规定，特别是在与有关方面发生利益冲突的时候，会计人员应敢于坚持原则。

会计人员面对各种诱惑，要坚持原则，就必须把好“金钱关”“权势关”和“人情关”。因此，会计人员在坚持原则、依法办事时，应不为金钱所动，不为权势所屈，不为人情所扰。

(二)用法律维护自身的正当权利

在现代经济生活中，任何个人及经济组织都必须遵守法律的规定，企事业单位的各种经济行为更是如此。会计机构和会计人员做好本职工作，实现其应有的职能，是法律所赋予的权力。但来自企业内外的利益冲突及权势威胁，给会计人员造成了较大压力。会计人员是在单位领导人的领导下进行工作的。一般情况下，会计人员不得不服从于领导的指示。某些企事业单位的领导人钻法律的空子，粉饰业绩、牟取私利，会计人员对这种事情也无能为力。但不能因此就认定会计人员缺乏职业道德，因为他们的权力被“领导”了。

随着经济体制改革的深化，逐步完善的会计法律、法规将给予会计工作强有力的法律支持。法律条款有力地保证了会计机构、会计人员的合法权益，使会计机构、会计人员从一定程度上摆脱了单位负责人的非正常干预，必要时他们可拿起法律武器保护自己，站出来为自己辩护。但是，法律在具体实施过程中可能因遭遇阻力而不能充分发挥其效力。这也充分说明外部环境的净化对于会计职业道德建设的必要性。因此，我们要打破会计行业中任人唯亲的传统观念，加强廉政建设，加大对违法违纪行为的惩治力度，真正做到“有法必依，执法必严，违法必究”。

六、提高技能

(一)提高技能的含义

会计技能是指会计人员从事会计职业应具备的胜任其职业职责的综合业务能力。会计工作是一项政策性和技术性较强的工作，其涉及的知识面较为广泛，而且有时需要有较高的专业判断能力。它包括会计理论水平、会计实务能力、职业判断能力、自动更新知识的能力、提供会计信息的能力、沟通交流的能力及职业经验等。会计人员的工作成果要有利于各方利害关系人，包括投资者、债权人、管理者等。因此，要作出正确的决策，会计人员本身应该保持和提高专业胜任能力。没有娴熟的会计技能，即使有再好的个人道德品行，也无法做好会计工作。

会计人员应具备的技能通常包括以下几个方面。

1. 专业知识

会计人员应当具备的专业知识包括会计、审计、税收、金融、经营管理、法律、外语、计算机等。现代会计不仅仅是记账、算账、报账，还融合了经营管理等方面的内容。为了能给管理当局提出管理上的建议，改善经营管理，会计人员必须具有超越会计专业的知识和学问，如统计分析、市场学、产品(商品)管理等。

2. 职业经验

会计处理方法因各单位的情况不同而千差万别。因此，会计人员应具备丰富的职业经验，这样才能胜任本职工作。大型企业由于分工较细，所以助理会计人员应在具有经验的会计人员的指导下，获得必要的职业经验。

会计理论与会计实务总是统一、相通的，但二者又有一定差异，不可等同。经验的积累与人的悟性有很大关系。积累工作经验可以通过长时间的工作，但悟性也很重要。悟性好坏有先天的成分，也是知识积累而受启迪的结果。会计人员也同样需要经验与悟性，做到举一反三，随机应变。理论可以指导实践，但不能生搬硬套，否则效果会适得其反。实践的过程就是积累经验的过程。比如，成本核算方法理论上有品种法、分批法、分步法、定额法及标准成本法等，但对于某个企业来说，可能选择其中任何一种单一的方法都是不合适的，而是需要多种方法相结合，这就需要会计人员通过实践、经验积累加以逐步完善，选择最适合本企业生产特点的成本核算方法。

会计实践经验应去伪存真。在会计职业活动中，有些经验丰富的老师傅，会形成自己的习惯做法，而这种做法不一定符合以后的发展变化。例如，有的企业原先设计的会计核算程序明明不合理，但碍于老师傅的“面子”，也不得不一直延续采用。又如，有的企业原先在人工核算情况下采用分类折旧率计提折旧，随着计算机应用技术的发展，完全可以采用个别折旧率计提折旧，但由于固有的习惯，也可能使计算机应用技术无用武之地。

3. 业务能力

不论是日常会计处理的分析，还是专门的财务分析，都需要会计人员有一定的分析能力。只有核算，没有分析，会计工作只能说进行了一半。会计人员应该刻苦钻研业务，练技精业。这不仅是从事会计工作的技术前提，也是形成良好会计职业道德必不可少的条件。

同时，在会计职业活动过程中，许多情况下都需要会计人员运用专业判断，如存货计价方法的选择，是采用先进先出法、加权平均法、后进先出法，还是采用个别认定法，需要结合特定的目的加以判断。专业判断是建立在专业知识和职业经验的基础上的，而不是随意的猜测。会计人员通过学习、培训等手段提高自身的职业技能，善于根据客观环境作出正确的职业判断，如适用恰当的会计政策、作出合理的会计估计等，以达到专业胜任能力水平。财务会计报告和各种管理建议都需要会计人员以适当的方式加以书面表述。一名优秀的会计人员应具备良好的书面表达能力，写出的材料既简练，又能突出重点；既具有专业性，又能让非会计人士读懂。所以，会计人员平时就需要多读多写，不断提高自己的文字表达能力。

会计人员知识面越广，专业技术越熟练，工作质量和工作效率就会越高。这三个特点决定了会计人员必须熟悉我国经济法律、法规和国家统一的会计制度，掌握会计的基本理论和专业知识，包括预算法规、税收法规、企业财务法规、会计法规、金融法规等。

(二)提高技能的基本要求

1. 具有不断提高会计专业技能的意识和愿望

会计人员要跟上时代发展的步伐，就要有危机感、紧迫感，要有不断提高专业技能的愿望和要求。只有具备不断提高会计专业技能的意识和愿望，才能不断进取，主动求知。

2. 具有勤学苦练的精神和科学的学习方法

只有具备锲而不舍的勤学精神，会计人员才能不断地提高自己的业务水平、理论水平、操作技能和职业判断能力，才能推动会计工作和会计职业的发展，以适应不断变化的新形势和新情况的需要。同时，要掌握科学的学习方法就必须积极参加社会实践活动，在实践中提高职业技能。

综上所述，会计技能是多方面的，作为一名会计人员应该苦练业务基本功，包括具备熟练的操作能力，如娴熟的珠算技能或会计电算化技能，会填制和审核会计凭证、登记会计账簿、计算成本、检查并纠正错账、编制财务会计报告等。作为更高的要求，会计人员还要会预测、会编制计划、会分析、会决策等。同时，会计人员还要具有较强的独立分析、处理实际问题的能力；能够透过现象看本质，抓住主要矛盾并妥善解决实际问题。要想做到这些，会计人员既需要具备扎扎实实的专业知识和积累实践经验，还需要具备一定的语言表达能力，包括口语表达和文字表达能力，做到表达流畅、条理清楚、逻辑严密、层次分明、简明扼要。

七、参与管理

(一)参与管理的含义

会计人员参与管理，简单地讲就是间接参加管理活动，为管理者当参谋，为管理活动服务。一个企业从采购付款到生产经营再到销售回款，每个环节都离不开会计人员的参与。如果会计人员只参与而不管理，那会计只能是低层次的记账会计，而不是高层次的管理会计。作为职业道德的重要一条，“参与管理”就是要求会计人员在做好本职工作的同时，树立参与管理的意识，努力钻研相关业务，全面熟悉本单位的经营活动和业务流程，主动向领导反映经营管理活动中的情况和存在的问题，主动提出合理化建议，协助领导决策，参与经营管理活动。没有参与管理，会计只能是“小会计”；参与管理之后，会计才有可能成为“大会计”。

(二)参与管理的基本要求

会计人员要树立参与管理的意识。会计人员参与管理，需要钻研相关的业务知识，熟悉服务对象的经营活动和业务流程。同时，会计人员也要熟悉单位的业务流程，了解行业情况，做到知己知彼。这需要会计人员不耻下问，问领导、问同事、问下级、问同行，这是横向的学习；除此之外，还要进行纵向的学习，学习研究单位过去的历史数据及行业资料，关注单位现在的情况及行业的现状，预测单位未来的发展状况和行业发展趋势。即使不能达到横贯中西、学贯古今，至少也要做到心中有数，这样才能有效地参与管理。

会计人员参与管理，要学会预测。“凡事预则立，不预则废。”参与制订预算或计划，为实现决策目标而制订各种计划、编制各种预算。这跟看病一样，会计人员要把好企业的“脉搏”、市场的“脉搏”。

扁鹊就是一个会预测的大夫。扁鹊首见蔡桓公曰："君有疾在腠理，不治将恐深。"居十日，扁鹊复见，曰："君之病在肌肤，不治将益深。"居十日，扁鹊复见，曰："君之病在肠胃，不治将益深。"居十日，扁鹊望桓侯而还走。桓侯故使人问之，扁鹊曰："疾在腠理，汤熨之所及也；在肌肤，针石之所及也；在肠胃，火齐之所及也；在骨髓，司命之所属，无奈何也。今在骨髓，臣是以无请也。"桓侯遂死。扁鹊不仅预测到了问题之所在，还提出了具体的解决方法。

会计人员不仅要主动反映企业的问题、预测企业的问题，同时还要针对具体情况，提出具体的合理化建议和解决方案，供领导参考。

会计人员参与管理，对内要有主人翁的精神，要站在当家人的立场看问题，要站在企业的高度思考问题，要能全方位地谋划问题。会计人员因为职业习惯，容易形成对细节过于认真而忽略宏观的固有思维，只有冲破这种束缚，才能真正像大鹏一样自由自在地在会计这片广袤的天空中翱翔。参与管理，作为会计的职业道德内容之一，任重而道远。

八、强化服务

(一)强化服务的含义

强化服务是现代经济社会对劳动者所从事职业提出的更高层次的要求。它表现为人们在对外工作交往和组织内部协调运作过程中，人与人之间关系的融洽程度和与之相对应的工作态度。从宏观层面上看，会计始终处于辅助地位，发挥参谋作用。会计的功能完全是服务性的。如何当好参谋，做好助手呢？这就要求会计人员有服务的意识、服务的技能和服务的态度，要做到手勤、腿勤、脑勤。

(二)强化服务的内容

1. 政策服务

会计人员熟悉财经法规，可以向领导和其他职能部门提供政策咨询服务，避免走弯路、走错路。会计人员应该积极地参与企业经营管理的全过程，开展广泛的调查研究，了解市场情况、资源状况、生产能力和技术装备情况，判断企业未来的发展趋势。

2. 资金服务

会计人员了解资金的筹措、使用和运行情况，为各部门及时提供资金支持，对完成企业的总体目标至关重要。参与拟订各种可行性方案，对生产、销售、成本、费用、利润、价格等方面的备选方案进行优化决策，好中选优；参与执行，并将执行情况进行详细记录、计算、分析和控制，使实际情况紧紧围绕计划或预算进行；参与效果评价，对具体的运行结果加以分析和评价，考核盈利情况，检查存在的问题，并通过信息反馈，为下期计划或预算提供依据。

3. 管理服务

会计部门是企业的一个从事财务活动的职能部门，财务管理是企业管理的中心环节，企业的任何一个职能部门都离不开会计部门的信息支持。科学的管理已经离不开会计人员的参与和支持。会计人员更多地参与企业管理与决策，担当企业的参谋和监督者，其管理与监督职能逐渐取代记账职能，成为其主要职能。

人们对会计行为的评价标准也随之产生了很大的变化，“创新型”的会计行为逐步得到社会的广泛认可。但“创新”并不是所有会计人员都能做到的。会计人员必须要经过正规的、系统的会计学教育与继续教育，让自己有足够的知识积累、经验积累，从而让会计工作在企业管理中发挥更大的作用。

高素质的会计人员要及时、准确地了解服务对象的需求，进而为其提供高效的服务。当管理者需要查询财务报表时，会计人员应恰好已经准备完毕，并及时提供给管理者；当需要财务部门对新项目提出参考意见时，会计人员应恰好已准备好方案和计划。这些“恰好”的工作就是对新项目提出参考意见时，会计人员应具有端正的工作态度和合格的职业技能，并提供高效的服务。它不仅要求会计人员有认真的工作态度，还要求会计人员对服务对象有相当深入的了解。

综上所述，会计人员一定要记住以下“五要”和“五不要”：一要道德操守，不要失去道德底线；二要懂法守法，不要知法犯法抗法；三要尊重事实，不要编造经营假象；四要真实记账，不要做假账两套账；五要依法申报，不要偷税骗税虚开。

第三节　会计职业拓展素养

在会计职业道德修养与会计职业实践相结合这一根本前提下，会计人员应当继承和发扬一些好的传统，不断地总结和探索新的会计职业道德修养的方法。

一、创新精神

美国苹果公司联合创办人乔布斯曾说过："领袖和跟风者的区别就在于创新。创新无极限，只要敢想，没有什么不可能，立即跳出思维的框框吧。如果你正处于一个上升的朝阳行业，那么尝试去寻找更有效的解决方案，更受消费者喜爱、更简洁的商业模式。如果你处于一个日渐萎缩的行业，那么赶紧在自己变得跟不上时代之前抽身而出，去换个工作或者转换行业。不要拖延，立刻开始创新！"

鲁班被民间工匠们奉为一代宗师，一直传承至今。为什么他会被工匠们奉为一代宗师？这和他的创新精神是分不开的。鲁班为了更好、更快、更优质地工作，发明创造了许多工具和技艺，如锯子、墨斗等都是他在劳作之中通过细心的观察与揣摩，反复试验，然后发明创造出来的。有些技艺，如他在楚国创造性地提出的"土堆亭"和"鱼抬梁"，在当时生产力低下的条件下解决了在常人想来无法解决的难题。

《礼记·大学》中有："苟日新，日日新，又日新。"面对层出不穷的金融创新和日趋复杂的衍生产品，会计人员需要不断通过学习、培训和实践等途径，不断提高职业判断能力、自动更新知识的能力、提供会计信息的能力、沟通交流的能力及职业经验等。

也许有人会问，会计这门科学，讲究的就是严谨，一定要遵守各项法律法规，怎么还可能创新？其实严谨与守法并不代表不能创新，并不是说一定要墨守成规、因循守旧。世界经济正逐步由以产成品为基础的制造业向以长期合约为基础的服务业过渡，企业资源计划、互联网等服务合约覆盖的履约期限越来越长，客观上要求会计更具前瞻性，会计信息化的发展必须与时俱进，否则就会被时代所淘汰。社会分工越来越细，资源会计学、环境会计学等会计学科里面的新兴学科也是会计创造性地提出来并被运用到了实践中的。"大匠能与人规矩，不能使人巧"，说的是即使是大师，他也只能传授学生规矩与方法，而不能让他变得机巧。这说明我们在学习前人经验的基础上，只有充分发挥主观能动性，才能在技能上有所提高、有所创新、有所突破。

二、"匠心"精神

匠心独运、独具匠心等成语，其中都有一个词"匠心"。如何理解匠心？匠心是有别于其他心思的。在现代化生产条件下，以模具和流水作业线作为典型代表，很难做到有别于其他；甚至在现代办公条件下，剪切、复制、粘贴被广泛运用，已很难见到有别于其他。这一切来源于“心思”。因为有了这种流水线的心思、复制的心思、克隆的心思，才能制造出这样的生产线，才能复制出这样的文本。而我们现在说的这种“匠心”，就是和上述种种心思相反的一种心思。这种心思，正因为其独到、独运，才显得巧妙，才显得别具一格。

匠心是一种思想、一种文化、一种素质、一种觉悟。匠心比拼的不是瞬间的精彩，而是长久的稳健持续。结合工业企业的特点，我们将全面深入推进精益论证、精益设计、精益制造、精益试验、精益服务、精益管理，把精益匠心理念推广到每个生产班组、科研营销团队，转化为员工的具体行动和追求，渗透到业务流程的各个环节。

也许有人会说，会计实行的是统一的会计法律法规与准则，怎么可能别具一格？宋代理学家朱熹的理论“理一分殊”能够很好地解释这一问题。他用“月印万川”这一通俗易懂的现象进行解释。天上的月亮只有一个，但是倒映在江河湖海中的月亮却有千万个，千万个都不相同。由于江河湖海各自的形状特征等不一样，导致了月亮的不一样。但它们都反映了月亮的全部，而不是月亮的部分。同理，会计法律法规与会计准则是统一的，但是会计分析、会计处理方法的选择与运用，可以根据实际情况进行选择，这就是匠心。这种匠心体现在审计方面，就是审计人员的职业敏感性与职业判断；体现在会计方面，就是会计人员的职业判断与独特的会计个性。每个企业的情况都是千差万别的，每个企业不同时期的情况又是各不相同的，会计人员在处理会计业务时，不会“两次踏入同一条河流”，也不会处理“两片相同的叶子”。这就是匠心在会计中的运用。

三、合作精神

被誉为“美国学术和教育之父”的诺亚·韦伯斯特说：“人们在一起可以创造单独一个人所不能创造的事业：智慧、双手、力量结合在一起，几乎是万能的。”在现如今充满挑战的商业社会里，人们很容易陷入个人思想的旋涡中。然而，单干的时代已经过去，没有一个单一的公司或个人能够拥有他所需要的全部资源并完成所有的事情。没有人能依靠一己之力取得某项事业的成功，唯有依靠团队的力量，依靠他人的智慧，才能使自己立于不败之地。人是各种资源中唯一具有能动性的资源。企业的发展必须合理配置人、财、物，而调动人的积极性和创造性是资源配置的核心。合作精神就是将人的智慧、力量、经验等资源进行合理的调动，使之产生最大的规模效益，用经济学的公式表述为“1＋1＞2”。

俗话说：“三个臭皮匠，顶个诸葛亮。”这里面也有一种“工匠精神”、合作精神。三个皮匠都是平凡普通的匠人，没有丝毫的突出之处，没有奇特之才，但他们彼此合作，取长补短，形成合力，便能“众人划大桨，开动大帆船”。

会计人员也是平凡普通的工作人员，但他们在工作中，不能将自己与其他的业务部门隔离开来，如果那样，则是一个“做死账”的会计，不熟悉实际情况的会计。只有当会计人员融入业务部门，和业务人员进行充分的沟通后，他所处理的会计事项才会符合企业的业务实质，业务信息才能及时转化为财务信息，财务信息反过来又迅速为业务服务，达到企业效益的最大化。这个时候，会计人员的合作精神的价值便全部体现出来。

合作共赢是合作精神体现出来的大格局。会计人员既可以实现企业内部的互联互通，也可以实现企业与企业之间的互联互通；既可以实现企业内部的合作共赢，也可以实现企业与企业之间的合作共赢。会计人员的合作精神有助于企业效益的最大化，为企业的发展营造更加和谐的氛围。

扫描二维码，获取合作精神的相关内容。

概念精讲	学习笔记

四、“踏实”精神

脚踏实地就是会计人员要在会计职业活动中严格遵守职业道德的原则和规范，同时要保持自己的善心和善行，使其积聚起来，并发扬光大。事情有简单和复杂、具体和抽象、浅显和深奥之分。如果以踏实的态度和心境来看待某些问题，这些问题就会随之变得简单；如果用复杂的态度和心境来对待事物，那么所面对的事物往往也变得复杂起来，甚至会使人变得一筹莫展。如果把复杂的问题踏实做，那么一切困难便会迎刃而解。

荀子在《劝学》中写道：“积土成山，风雨兴焉；积水成渊，蛟龙生焉；积善成德，而神明自得，圣心备焉。故不积跬步，无以至千里；不积小流，无以成江海。”高尚的会计职业道德品质，不是一年半载就能够养成的，它需要一个长期的累积过程。只有不弃“小善”，从大处着眼，从小处着手，才能积成“大善”。倘若平时在工作和生活中不积善、不修德，却幻想有朝一日突然成为工作模范，是根本不可能的。

脚踏实地要求做任何事情都要立足于现实、立足于点滴、立足于身边，从我做起、从身边做起、从现实环境做起、从一切可以做的事情做起。从态度和心境上来说，就是看待事物要从表层到深层，化深奥为明了，化模糊为清晰，化困难为条件。任何事情只有把握方向和思路，运用正确的方法和途径，老老实实地付诸努力和辛勤的劳动，才会获得理想的结果。

第四节 会计道德文化环境

人是社会中的人，更是集体中的人，集体对人的约束作用不可忽视。集体中的人的道德境界和活动状况直接影响个体的道德。“近朱者赤，近墨者黑”说的就是这个意思。马克思曾指出：“只有在集体中，个人才能获得全面发展其才能的手段。也就是说，只有在集体中才能有个人自由。”个人利益同集体利益也是密切相连的，离开集体利益，个人利益就无法得到实现；离开集体利益的发展，个人利益的发展也就无从谈起。

个人同集体的辩证关系决定了个人的道德选择必定受集体的影响，集体的道德走向正是个人道德选择的依据和参照标准。强化集体内部环境的作用，应从以下几个方面着手。

一、明晰价值导向

明晰价值导向就是要建立一套科学而规范的道德体系，主要是指社会对人们的道德价值认识和实践活动所进行的方向性引导及所能达到的目标。它旗帜鲜明地规定人们行为中的“应该”与“不应该”，明确善与恶的界限。

确立价值导向，还要注重对人们道德理想境界的引导。社会信念反映社会整体成员对社会道德价值体系的信心，道德规范的科学与严肃、道德行为的选择与实施、道德评价的适时与公正，都影响人们对社会道德的信心。职业道德规范需要通过教育、引导、灌输进行推广，一个缺乏规范的集体是不会产生良好道德行为的。有了规范但规范却不被个体所接受，也是乏力的，不会产生相应的效果。一个人不会自觉地接受某种规范或者变成完全自律的人，只有把道德规范推广落实到实处，才能发挥其作用。

二、建立赏罚机制

道德奖惩是社会组织根据一定的道德价值标准，对社会成员的道德行为所进行的评价和认可的方式。通过道德奖惩，借助社会舆论、利益等方式，对人的行为进行衡量、评估，以促使人们反省和检查自己的行为，这样有利于选择符合社会道德需求的观念和行为。

建立道德赏罚机制，对社会影响大、波及面广的道德行为必须鼓励推广，扬善是治恶的重要条件，善行得不到推崇，不仅挫伤行为者的再道德行为，使其丧失积极性、主动性，而且对于他人来讲同样不会产生启迪、熏陶作用。推行社会良性道德行为，利用社会舆论的威慑力，对作恶者同样有警示和劝诫作用，适当的制裁、禁止或劝阻，不道德行为者必将约束自己。

建立一定的社会奖惩机制对人的调控作用具有特殊的意义。社会奖惩应先有一定的权威性。一般来讲，社会奖惩是由一定的政府机关和社会组织，按照一定的要求和组织程序对个人行为作出判断或裁决，表达一定的道德观点、道德态度和道德立场，所以它比一般社会舆论的评价更具有权威性。社会奖惩的另一层作用是强制性比较明显，更多的是观察行为者的效果或行为，比较直观、明确。

三、推崇道德榜样

社会榜样是一定社会规范和社会行为准则的具体化、形象化和人格化。在社会生活中，人们总是以代表本时代、本社会的道德人格的人物典型作为样板，作为仿效的范例或模式，并在自己身上得到再现，这样他才能在社会交往中认识到自己的社会价值。

在某一个群体氛围中，树立一个榜样对于人们的道德选择有着十分重要的作用。榜样能激起人们的情感，感染人们的情绪，磨砺人们的意志，最终唤起人们的社会良知。由此可见，榜样的存在体现了一种道德理想。它把人的道德理想与社会行为的最佳结合方式揭示出来，以明确的道德评价催人奋进。

榜样的树立，对于人们的暗示、模仿等形式的作用，是一个渐进过程。社会榜样对道德主体的影响，往往从一些外部的、表面的特征开始，在表面的、外部的影响过程中，榜样的内在精神也随之潜移默化地影响道德主体的心灵，从而转化为其自身的一种自觉意识和内在要求，影响道德主体对社会道德的自觉选择，使道德主体的行为在社会榜样的不断激励下，不断地趋向更高的境界。

扫描二维码，获取本章小结。

本章小结	学习笔记

第五章
会计行为文化

第一节　会计文化与会计行为

一、会计行为概述

(一)会计行为的概念

会计行为归根结底是一种人类行为，必然符合“人的特性取决于有理性的行为，这种行为是由对作为目标的符号进行预期所决定”的行为概念，就必然存在行为主体的目的性和倾向性的行为特征。其本质必然是行为人对所处的外界环境所发生的有意识的生理或心理表象。

对于会计行为的界定，目前还没有一个完整、权威的定义。我们认为，会计行为作为一种特殊的人类行为，必须具备几个因素：会计行为主体、客体，以及动因、规则、手段和目标等。将其用概念性的语言描述就是“会计行为主体在其内部动因驱动和外在环境刺激下，按照会计行为目标的要求，遵循一定的行为规则，利用特有的方法和手段，对会计事项进行处理，形成会计信息并传递给使用者的一种实践活动。”因此，会计行为具有主体性、目的性、程序与技术性等基本特性，其基本过程就是生产与分配物质资料的物质流动，以及与物质流动相伴随的信息的产生与流动。会计行为作为会计过程的“浓缩”，是会计信息的生成与传递活动。其基本行为方式就是会计行为主体的日常记录、计量和报告，行为目标就是提供给会计信息使用者加工、处理后的会计信息。

会计行为是会计主体在实现其目的的过程中表现出来的一种管理行为。简而言之，会计行为就是提供会计信息的活动，即对会计信息的生产和使用，为帮助会计信息使用者作出决策提供有用的信息。会计文化影响和塑造会计主体，也因此形成不同的会计行为，产生不同的会计信息。因此，对会计人员行为的规范，除了规章制度的约束之外，会计文化也起着重要的作用。

(二)会计行为的主体

会计行为的主体，即会计行为过程的实施者与参与者，是会计实践活动的主体，主要是指企业内部的会计机构和人员。当然，作为企业的管理层，从某些角度讲也属于会计行为主体的范畴，但主要侧重于经济方面。

从宏观角度讲，会计行为主体与企业主体的意志和功能是一致的，都是为了企业的存续与发展，实现企业利润的最大化，完成企业的再生产运动。企业主体最关心的是企业的经济活动能力、创造利润能力。财务成果是企业实力的基本反映，而财务成果的呈报或披露都必须通过一系列的会计活动即会计行为来完成。一般地讲，会计行为与企业行为是一致的。也就是说，会计行为与企业管理者的管理意志一般是吻合的，但在某些方面也存在分歧：在很多情况下，由于管理权限的制约，会计行为的主体不能按照国家有关法律、法规和一般经济规律独立客观地处理经济业务，企业管理层有意干预或操纵会计行为主体的现象严重。企业主体管理层遵循的是灵活的、制度化的管理规则，在管理的过程中有时会忽视会计主体行为规则的强制性和法令性。

(三)会计行为的客体

会计人员为了达到其目标，就需要其目标客体——会计信息。会计行为主体的一系列行为过程必须通过会计信息的传递来完成。所谓会计行为的客体，即会计信息，就是对企业经济活动引发的企业交易或事项运动的状态、方式的客观描述，是会计行为主体开展会计行为的物质承担者，是进入会计行为主体认识范围和操作范围内发生的交易或事项等信息的流动与流量。概括地说，会计行为的客体就是企业信息及其流量。会计信息无论对企业内部还是外部都具有重要影响，因不同的信息使用者所处的立场与提供和接受信息的目的不同，其影响角度与程度也不同。企业的账、证、表和其他相关资料是企业信息的物质载体，通过这些资料及注册会计师的审计报告，可以传达企业实际的或被人为歪曲的会计信息和其他信息，实现行为人的目标。

作为会计信息载体的经济事项是人类行为的客体之一，其本身必定符合其他行为客体的属性，如对象性、可操作性、历史性等。要深刻研究会计行为，就要知晓会计信息的属性。众所周知，会计信息的生成要经过一系列的加工处理过程，对外呈报的会计信息就可能不完全是对会计对象的真实表达。对于同一事项，不同的人在不同的环境下，可能会提供不同的会计信息。作为会计主体，至少应该以客观、公允的行为方式完成对会计信息客体的表达。但事实上，在一些情况下，会计行为主体主动或被动地歪曲反映行为客体的价值，大多数会计信息外界使用者由于信息不对称，不得不认为企业所披露的会计信息是真实的，也不得不依此来作出下一步的决策。会计行为动因是会计行为的内部驱动力，它引发和强化了会计行为。

会计行为是一项有目的的会计实践活动，具有显著的目标性，受到会计行为目标的指引。会计行为主体提供虚假会计信息的目的不一，会计信息就是在社会博弈中会计行为主体以合法或不合法，正确或错误的信号引导会计信息使用者沿其预先设计的方向作出决策，以实现相关者和利益方目标的砝码。

(四)会计行为的基本标准

1. 会计行为的法律标准

会计行为的法律标准是指会计行为主体在享受权利和承担义务时，必须严格遵循的相关法律规范，即会计行为主体在对其行为客体实施行为时所依据的法律法规。其中，《中华人民共和国会计法》是会计行为最基本的法律标准，基本上涵盖了会计行为的内容、法律关系和法律责任。该法是国家为了维护其利益和加强风险控制而制定或认可的，并借助于国家权力推行，具有明显的强制性特征。尽管制约和影响会计行为的因素涉及多个方面，有法律标准、行业制度、道德规范、技术要求和人员素质等，但由于法律标准的地位和其强制性特征，决定了法律标准成为控制会计行为最基本和最主要的依据。会计行为的法律标准体现国家利益，着眼于社会经济秩序，其评价标准主要是会计行为的合法性。

2. 会计行为的行业标准

会计行为的行业标准主要是指会计主体在行使其行为时所参照的标准，并受制于所处行业的基本制度和最终目标。即处于不同行业的会计行为主体在面对不同的会计行为客体时，其行为表现和行为过程由于所处行业的利益及制度的不同而有所区别。比如，上市公司的会计行为与非上市公司的会计行为、工商企业的会计行为与行政事业单位的会计行为、外资企业的会计行为与中资企业的会计行为等，均有不同的行业标准。需要指出的是，这里所说的会计行为的行业标准与行业的会计制度是两个不同概念。行业的会计制度一般是指根据行业的业务范围和经营特点所制定的具体的会计规则、方法和程序的总称，如我国已经划分出的不同行业会计制度等；而会计行为的行业标准则是会计主体在行业会计制度控制下的行为准则和行为要求。会计行为的行业标准属于一种技术规范，如《企业会计准则》和《企业会计制度》中涉及会计行为的规定。

3. 会计行为的道德标准

道德属于意识形态范畴，是一种调节社会经济利益关系和人际关系的行为规范的总和。会计行为的道德标准则是指会计主体在职业行为过程中应遵循的、体现会计活动特征的、调节会计人员与社会及与相关利益集团之间关系的行为规范。其主要内容包括会计主体的思想、责任、态度、作风、素质和纪律等。比如，国际会计师联合会颁布的《国际会计师职业道德准则》和我国财政部制定的《会计人员管理办法》等，其中都有关于会计行为的道德标准的明确表述。

作为一种意识形态要求，会计行为的道德标准属于非强制性规范，是会计行为法律标准的重要补充，但又具有法律标准所不可替代的作用。会计行为道德标准主要着眼于人际关系和职业修养，其评价标准主要是会计行为的合情性。

二、会计文化对会计行为的影响

会计文化对会计行为具有深刻的影响。一方面，会计文化以一定形式存在于外部环境中；另一方面，它又以观念的形式根植于会计人员的意识里。

(一)观念文化的影响

会计人员的观念对会计行为的影响是潜移默化的，会计群体的价值观、精神信仰深刻影响着群体行为规范，并使他们形成心理和行为的惯性。处在不同的会计文化之下，会计人员的行为具有显著的差异。就美国和中国的会计来说，美国人在社会的各个方面强调实现个人的价值，表现在会计活动中，美国会计人员在企业的高层决策和管理中表现得十分积极；我国的传统文化则强调大局为重，在企业的日常工作中，我国会计人员主要从事账簿处理和会计信息的对外报告工作。

会计观念文化的影响还表现在不同地区和行业存在一定差异。在我国，国有企业的会计人员注重集体利益，推崇无私奉献，在日常工作中更加追求清正廉洁，为民服务；私企或外资企业的会计人员则更注重个人价值的实现，努力提升自身技能，以实现物质的满足和对个人才能的追求。

(二)制度文化的影响

会计文化的构成包含会计行为的法规制度和组织形式。会计行为也总是在一定的组织方式和法规制度下进行的，必然受其影响和约束，并与之相适应。随着经济的发展，会计模式发生改变，会计人员在企业中的地位不断提高。一方面，他们是会计信息的收集者、处理者；另一方面，越来越多的会计人员参与企业的预测、决策和控制活动，不断向管理会计靠拢，为企业的决策提供更多可靠的信息。随着会计行为变得越来越复杂，完善会计法律法规的建设，对促进良好的会计行为意义重大。

(三)物质环境的影响

会计的物质基础是会计文化的重要组成部分，是会计行为得以进行的基础。纵观历史的发展，纸张的出现使会计信息可以真实全面地被记录；算盘的发明促进了会计核算的进步；计算机的出现使会计电算化成为可能。这些都说明物质环境对会计行为至关重要。从算盘时代的手工操作，到计算机时代的会计信息化，会计的行为方式也发生了巨大变化。此外，从会计行为的内容看，手工操作时，会计人员只能从事简单的核算工作；实现会计电算化后，会计人员就可以更多地参与复杂的经济预测、决策等活动。

会计文化是社会文化的一部分，是在特定的政治、经济、文化背景下，经过长期实践逐步形成的，不可避免地铭刻着时代的烙印。因此，会计文化也可分为积极的会计文化和消极的会计文化，不同的会计文化给会计人员的会计行为带来的影响是不一样的。

1. 积极的物质环境对会计人员会计行为的影响

积极的物质环境继承和发扬了我国优秀传统文化与美德，具有较强的主观能动性，能够有效激发会计人员在专业理论及业务操作技能方面的学习动力，进一步提升会计人员进行资金管理的能力。积极的物质环境能够将企业的社会责任及会计工作目标内化为企业会计人员的职业道德素养和价值理念，有效促进会计人员将先进的理论知识和业务操作技能运用于日常会计工作中去，进一步规范会计人员的会计行为，更有效地将企业的社会价值同发展目标有机结合在一起，开拓企业会计工作新局面。

除此之外，由于会计人员的日常工作非常琐碎、繁杂，而当前会计法律法规的相关规定又较宏观，这就使得会计工作存在较多的监管空白，给少数会计人员钻法律空子、提供虚假会计信息提供了可乘之机，致使会计信息使用者及相关利益者的合法权益受到侵害。而建设积极的会计文化则能够较好地解决这一问题，它能够使会计人员在法律之外受到道德文化的约束，有助于社会诚信的建设及会计信息质量的提升。

2. 消极的物质环境对会计人员会计行为的影响

消极的物质环境实际上是传统文化中一些非理性因素的传承。比如，对长辈的“礼”“尊”和对朋友的“义”“忠”，大于对会计工作的“忠”；“得饶人处且饶人”“和为贵”；等等。这些对会计人员的会计行为带来的影响很多则是负面的，不仅会导致会计工作不能顺利开展，严重的还有可能导致会计违法行为的产生。在现实工作中，企业的会计人员基本上都是受雇于企业领导者，会计人员的业绩、福利待遇和职务升迁等有时不仅取决于会计人员的素质和工作质量，还取决于他们与领导、同事的关系，受到企业领导者的管理与制约。在这种关系中，有些会计人员为了保障自身的经济利益，往往会屈服于企业领导者的主观意志，追求账面数据，实施会计信息造假，给国家和其他利益相关者造成损失。

此外，还存在众多的抱有得过且过思想的会计人员，他们不注重专业知识和技能的学习，没有工作热情，不讲究工作质量，只注重人际关系，导致会计工作效率不高、会计行为不规范，违反会计操作规章制度，扰乱企业会计秩序，给企业日常的经济活动带来严重的危害。

三、会计行为文化的概念

会计行为是会计人员的“影子”。会计行为文化是指会计行为主体的行为方式、价值取向、动机、行为环境等。

会计行为文化是一种显性文化，是会计共同价值观和会计精神的折射，体现了会计工作作风、会计人员的精神面貌和人际关系状态等。会计行为文化包括会计领导者的行为、会计典型模范人物的行为、会计人员的个体行为和会计人员的群体行为。

四、会计行为文化的建设目标

会计行为文化的建设目标就是通过行为层面的会计文化建设，加强对会计行为的引导，强化对会计行为的约束，促进对会计行为的激励，从而调动会计人员的积极性，塑造良好的会计形象，体现会计价值观的实质内涵及积极向上的会计精神，反映高尚的会计职业道德情操，更好地履行会计的各项职能。

扫描二维码，获取会计行为文化的概念与建设目标的相关内容。

概念精讲	学习笔记

第二节　会计领导者的行为

一、会计领导者的含义

在管理学中，领导具有不同的含义。但是一般认为，领导是通过影响和激励人们使他们自愿地并且积极地为实现共同的目标而努力的过程。会计组织的领导者就是在会计工作中通过各种行为发挥卓越领导的功能。

会计领导者不仅是会计价值观的倡导者，更是实践者，他们的态度会对会计人员产生巨大的影响。因此，会计领导者要在实践活动中以身作则，使团队始终保持积极向上的会计价值观，并使之成为会计主体行为选择的标准。

二、会计领导者的作用

会计领导者在会计群体共同价值观的形成和维护中扮演着极为重要的角色。会计领导者不仅同其他会计个体一样是会计文化的实践者，而且由于其在会计管理活动中的特殊地位，决定了其自身的文化素质、作风、思想道德和价值观念对于企业会计文化的主导作用，也决定了他们在建设“以人为本”的会计价值观的过程中具有关键的作用。因此，在建设会计价值观的过程中，一方面，会计领导者要给予足够的重视，并亲自组织开展各项活动，培养模范人物并宣传其优秀的会计价值观，建立奖惩制度；另一方面，会计领导者应该以身作则，积极倡导以诚信为荣、实事求是、坚持原则、开拓创新、公正廉洁和追求卓越的理念，并以自己的实际行动影响下属，最终实现形成“以人为本”的会计价值观的目标。

三、会计领导者的能力

一个优秀的会计领导者应该具备以下四种能力：一是有效地并以负责的态度运用权力的能力；二是能够了解会计人员在不同环境下和不同时期要采取的不同的激励措施的能力；三是对会计人员的热情和工作积极性进行鼓舞的能力；四是在本会计组织内部塑造和谐健康的文化氛围，从而引起会计人员的共鸣并对他们进行激励的能力。具备了以上领导能力后，会计领导者在会计组织内外进行各种活动来实践这些能力并达到领导的目标。

在会计活动作为一种重要的经济管理活动，越来越受到国家、社会和企事业单位的重视的情况下，会计领导者的作用尤其受到人们的关注并被寄予了较高的期望。会计领导者在会计组织中的行为主要表现在决策和计划、组织和协调、人际交往、改革与创新等方面。

四、会计领导者的职业定位和职业能力

(一)会计领导者的职业定位

会计领导者是职业化的会计人员，是会计团队的组织者和服务者，是企业领导的助手和掌舵人。

（二）会计领导者的职业能力

会计领导者的职业能力包括：一是不间断地掌握会计发展的前沿知识和趋势，即领导的学习力；二是不间断地深入会计基层，即领导的行为力；三是不间断地与相关会计部门及其他部门交流与沟通，即领导的融合力；四是不间断地为决策者提供新思想、新建议、新理念，即领导的创新力。

扫描二维码，获取会计领导者的相关内容。

概念精讲	学习笔记

五、会计领导者的工作职责

企业的持续存在是以不断赚取业务利润为基础的，企业能否持续经营下去，取决于盈利能力及由此决定的财务状况好坏和市场竞争能力。现代企业会计功能不仅仅体现在计算企业利润多少，更体现在预测、规划、计划获取更多盈利的目标和方案，以及实现方案的控制手段。

（一）制定本企业的会计制度

会计领导者根据国家财经法规、会计制度和其他法规、政策，结合本单位实际情况，主持起草本单位具体会计制度及实施办法，科学地组织会计工作，并领导、督促会计人员贯彻执行。

（二）组织领导财会部门工作

会计领导者要落实会计部门岗位职责和人员分工，领导本部门人员认真贯彻并遵守国家财经法律和政策，遵守会计法规，严格按照本企业会计制度和其他规定，加强会计核算。会计领导者还要组织本部门有关岗位人员会同有关部门，制定本企业办理有关财产物资的各项会计事务的规章制度，协调各部门共同执行。会计领导者有行使监督职能、严格财经纪律、防范和制止违法乱纪行为的责任。

(三)充当高层领导的财务管理助手

会计领导者要作为高层领导的财务会计助手，充分分析和利用会计信息资料，为企业高层领导提供经济预测和经营决策的依据。会计领导者要参与经营决策，主持制定和考核财务预算。会计领导者还要根据会计法和经济法，参与审查或拟定重要的经济合同和经济协议。

(四)加强日常财务管理和成本控制

会计领导者要掌握企业的货币资金收支结存情况和各种有价证券、短期投资的市场变动，按期编制各种长短负债的偿债计划；开展全面预算管理，严格控制财务收支；组织有关部门和会计岗位人员按期汇集、计算和分析成本控制情况，加强成本控制和管理，向高层领导提出成本控制分析报告和成本计划。

(五)保证按时纳税及上缴应交利润

会计领导者应负责按照国家税法和其他规定，严格审查应交税费、应交利润和其他应交款项，督促有关岗位人员及时办理解交手续，做到按期完成上缴任务，不挪用、不截留、不拖欠。

(六)负责定期财产清查工作

财产清查制度是企业财经制度其中的一个内容，会计领导者的职责在于定期组织有关部门和人员共同进行财产清查工作，结合财产清查，促使有关部门不断完善管理制度，改进管理方法。会计领导者还要根据管理当局的决定，按经营管理的要求，协助有关部门核定机器设备需要量和物资储备定额。

(七)做好财务部门人力资源管理工作

会计领导者以身作则，率先垂范。协作、奉献、创新的会计精神应该是会计领导者根据社会主义市场经济和本组织发展的需要而提出并亲自决定塑造的精神。会计领导者由于其特殊的地位并拥有权力，因而对会计人员有着强迫性的、不可抗拒的影响力，并以强大的外部压力的形式起作用。在这种影响下，会计人员必须服从和遵守。同时，我国传统文化中的伦理观念也从文化的角度使会计人员不自觉地服从会计领导者。企业会计领导者的态度和行为都将对企业会计人员的态度和行为产生巨大的影响，尤其表现在无形的思想和价值取向方面。因此，在塑造协作、奉献、创新的会计精神的过程中，会计领导者要以身作则，在工作中以自己的实际行动带头实践自己所设计和倡导的会计精神，将自己积极践行先进会计精神的理念传达给下属，以领导权威来影响会计人员有效、快速地接受和内化先进的会计精神。

六、案例学习

案例一

陈永灵是某国际有限公司的财务总监。他在工作中任劳任怨，有着高度的责任心和认真负责的态度，能够以创新开放而又谨慎细致的财务管理意识，做好企业的财务管理工作。他注重强化预算管理，不断提高资金的使用率，顺利完成固定资产及票据清理工作，以及"小金库""账外账"专项治理工作和专项绩效考核、评价和"审计整改年"活动验收等工作。他严格信息披露过程，加强了企业内部控制制度建设，为公司的跨越发展和企业价值最大化的实现提供了强大的保障，是会计人员学习的榜样。

案例二

张泓是某市地铁集团有限公司的副总经理。近年来，该同志通过不断创新实践推动企业发展，在财务管理的价值创造和城市轨道交通可持续发展的研究和实践中取得了显著的成绩。他积极发展财务管理新理念，促进企业由核算型的传统财务管理理念向价值型的现代财务管理理念转变；充分发挥全面预算管理在企业战略管理中的资源配置和导向作用；建立资金平衡机制，增强资金保障能力；实施网络化的集团财务管控模式，建立财务检查的常态监督机制。他牵头构建以风险管理为导向的内部控制体系，在所在市开展轨道交通投/融资平台组建方案的研究策划工作，持续推进轨道交通投/融资深化改革，优化资本结构和资金配置，合理选择多种融资方式策略化组合，确保资金有效供给，降低资金成本。

第三节 会计模范人物的行为

会计模范人物是会计个体学习的榜样并得到大多数会计人员的敬重，他们的行为在整个会计行为中占据重要的地位。会计模范人物集中体现了会计的共同价值观，因此，他们是会计组织的中坚力量。这些模范人物都是普通的会计人员，由于他们优秀的品质、高尚的情操及过人的能力等，赢得其他会计人员的敬佩和效仿。从某种意义上说，他们拥有更强的引领和示范作用。同时，他们的行为在某一方面体现了会计组织所倡导的会计行为和会计价值，因此受到会计领导者的赞扬和鼓励，并将其作为整个会计组织学习的榜样。

会计模范人物作为个体成为效仿标准，主要表现在会计价值观、会计精神和会计行为上，这些标准与会计组织的要求和极力追求的目标相一致。但是，会计模范个体的行为不是在所有方面都无可挑剔，而是在某一方面特别突出。会计人员应该集中学习他们这些突出的方面，而不能对他们过于苛求。会计组织中的所有模范人物的集合构成模范群体，模范群体在各方面体现会计组织的精神和共同价值观。

一、深度工作

《深度工作》是美国麻省理工学院卡尔·纽波特博士的专著，其核心观点是优秀主管不应将60%以上的工作时间花在处理浮浅事务上，因为浮浅工作产出的价值有限。因此，深度工作是优秀主管必须具备的素质和职业精神。

会计职业的特点是有许多重复性工作，但会计模范人物在长期的会计基础工作中不应只停留在重复性、事务性的工作上，需要有深度工作的职业精神，即在处理一笔会计业务、提出一项财务建议或报告时，均要进行深度工作。尤其在互联网时代，要充分考虑每一个会计要素和财务数据形成的环境与条件，对未来的变化更应该进行深度的思考，这样所提出的意见才会具有前瞻性。这是一名优秀会计人员应具有的职业精神。

二、“积木式创新”

“积木式创新”是美国中小企业创新的最新模式，该模式在近年来推动了美国小型创新企业的爆炸性成长。其原理为当今的职业是一个协作系统，要有多个单位紧密合作，从而形成一个创新团队，在团队中创新者可以通过互动达成共识并且相互欣赏和鼓舞。“积木式创新”告诉我们一个道理，任何一个创新过程都是阶梯式的，就像“搭积木”一样，各个积木条只有相互合理搭接才能最终成为整体，彼此之间的协同和统一非常重要。

会计匠人要懂得这个道理，一份有价值的财务报告或一组上市公司的财务分析数据，都是由一系列基础数据搭接而成的，往往数据之间的关联性能够推导出一个财务结论。因此，会计模范人物在数据面前不应仅是简单的拼凑数据，而应注重数据之间的逻辑和关联关系，使“一堆数据”成为一个整体，从而为企业创新提供支撑。

三、随机应变的能力

随机应变是一种突发性的思维方式，事前毫无准备，事中却能快速作出反应。突发性思维的形成需要以平时的习惯为基础，即“在随机应变的偶然性中，藏着必然性”。会计模范人物不是从事简单重复性工作的会计人员，而是具有深厚的会计功底和财务经验的会计人员。但如果是公司的财务总监，不能仅凭基本功扎实、报表做得好就可以胜任工作。在当今互联网时代，信息化工具使财务要素每时每刻都在发生改变，从而影响公司的财务活动和经营决策。因此，作为财务总监，应当具备根据瞬息万变的环境而随机应变的能力。

扫描二维码，获取会计模范人物的相关内容。

概念精讲	学习笔记

四、树立典型的会计模范人物

习近平总书记指出："国无德不兴，人无德不立。"道德文明是会计的根基，会计人员要从小事做起，将道德和文明逐渐固化为一种优秀的行为习惯。一个优秀的会计人员，对职业要讲道德，对客户要讲道德，对自身的言行更要讲道德。对会计人员来讲，道德文明向前一小步，会计工作质量则会向前一大步。优秀模范会计要不断在净化心灵的同时，时常唤起内心的宽容、仁爱和利他，要心存美好，常怀感恩，将道德标准固化成传统和习惯，使优秀的道德文明品质一代传一代。

一方面，模范人物的精神应被广大会计人员认可和效仿，作为一种非成文的规定，每个成员都必须遵守，否则将受到其他会计人员的排斥；另一方面，会计模范人物的精神具有极强的引导力，可将会计个体的精神引向符合本组织发展的方向，使其行动围绕会计组织目标开展。因此，塑造协作、奉献、创新的会计精神，要重视模范人物的典型示范作用。首先，要在本组织树立典型，并积极有效地宣传模范人物的事迹，使会计精神通过模范人物的行为形象化和具体化，增强先进精神的感召力和吸引力。其次，号召广大会计人员向先进的模范人物看齐，学习他们优秀的精神，营造一种争当先进的良好氛围，促进会计人员相互学习，鼓励更多的人积极上进。最后，会计人员自己也要有意识地关注会计模范人物的言行，领会其中蕴含的先进的会计精神，并积极效仿，从而提高自身的精神境界和道德素养。

五、案例学习

案例一

本色做人要求一个优秀模范会计自始至终忠于自己的职业和岗位。赵娜是一个从业15年的资深会计，在工作中先后经历过3次岗位调整，承受过若干次事业上的波折，但她始终坚守着对职业的忠诚。后来，她有了自己的企业，她说："我更要把对职业的忠诚拓展为对客户的忠诚，这样才能得到客户的信任和支持。"之后，赵娜自己创办了企业，从零开始开发客户，每年增长近300家，靠的是为企业多办实事，让客户放心和满意，这是她的从业理念，靠"本色立足，靠角色成事"。

案例二

王从新认为，一名优秀的会计要注重自己的角色。他从普通会计做到了主管，现在是拥有近150名员工的公司总经理。王从新在每一个岗位上都要求自己坚持本色、立足自己的角色。也就是说，要对自己的岗位职责负责，不奢求高于自身能力的物质待遇，不论资排辈，不妄自菲薄，保持一颗平常心。在不同的“角色”扮演中，知变通、顺大势、顾大局，将自己融入职业、融入团队、融入事业的发展。做会计不忘初心，坚持本色做人、角色做事，在不断的职业历练中获取动力，不断学习，大胆创新。

案例三

王文章是某集团有限公司的总会计师。他刻苦学习，潜心钻研业务，在工作上积极主动、埋头苦干、任劳任怨，全面推进管理会计实践，实现财务创新，并在此基础上推行管理会计的“三个一”实践模型。他全力推动各项经营财务目标如期实现，全面提升管控能力，实现财务的价值创造。他连续多年获得单位的“先进工作者”“优秀知识分子”等荣誉称号，财政部企业类“全国会计领军人才”，在2015年更是被财政部授予“全国先进会计工作者”的荣誉称号。

案例四

汪萍是某人寿保险股份有限公司的总会计师。在该公司任职期间，她凭借着高度的敬业精神和高水平的专业素养，引领着一支年轻的财务团队大踏步迈进，大胆创新，演绎了资深会计人的大家风采。她不仅确立了公司会计核算、资金管理、会计档案、核心人员由总公司财务会计部统一集中管理的模式，开创保险公司直接由总部集中管理的先河，还带领团队完成了包括“制度、办法、流程、操作手册”四个层次的财务管理制度体系的制定。在其带领下，公司搭建起了财务共享服务平台，财务数据基本实现了系统自动处理。

第四节 会计人员的个体行为

一、会计职业道德的主要内容

会计职业道德是会计人员在其工作中正确处理人与人之间、个人与社会之间关系的行为规范和准则。它体现了社会主义经济发展对会计工作的要求，是会计人员在长期实践中形成的。加强会计职业道德建设，提高会计人员的道德素质，对于正确贯彻国家有关政策法令，加强企业管理，提高经济效益，具有十分重要的意义。

会计职业道德的主要内容有以下八个方面。

(一)爱岗敬业

爱岗敬业指的是忠于职守的事业精神，这是会计职业道德的基础。爱岗就是会计人员应该热爱自己的本职工作，稳定、持久地在会计领域中耕耘，恪尽职守；敬业就是会计人员应该充分认识本职工作在社会经济活动中的地位和作用，认识本职工作的社会意义和道德价值，具有会计职业的荣誉感和自豪感，在职业活动中具有高度的劳动热情和创造性，以强烈的事业心、责任感，从事会计工作。

爱岗敬业的基本要求包括：①热爱会计工作，敬重会计职业；②严肃认真，一丝不苟；③忠于职守，尽职尽责。

(二)诚实守信

诚实是指言行跟内心思想一致，不弄虚作假、不欺上瞒下，做老实人、说老实话、办老实事；守信就是遵守自己所作出的承诺，讲信用，重信用，信守诺言，保守秘密。

诚实守信是做人的基本准则，是古往今来人们在交往中形成的最根本的道德规范，也是会计职业道德的精髓。

诚实守信的基本要求包括：①做老实人，说老实话，办老实事，不弄虚作假；②实事求是，如实反映；③保密守信，不为利益所诱惑，除法律规定和单位领导者同意外，不能私自向外界提供或者泄露单位的会计信息；④执业谨慎，信誉至上。

（三）廉洁自律

廉洁就是不贪污钱财，不收受贿赂，保持清白；自律是指自律主体按照一定的标准，自己约束自己、自己控制自己的言行和思想的过程。

廉洁自律是会计职业道德的前提，也是会计职业道德的内在要求。自律的核心就是用道德观念自觉地抵制自己的不良欲望。会计人员的廉洁是会计职业道德自律的基础，而自律是廉洁的保证。

廉洁自律的基本要求包括：①树立正确的人生观和价值观，会计人员应以马克思列宁主义、毛泽东思想、邓小平理论、“三个代表”重要思想、科学发展观和习近平新时代中国特色社会主义思想为指导，树立正确的人生观和价值观，自觉抵制享乐主义、个人主义、拜金主义等错误的思想；②公私分明，严格划分公与私的界线，不贪不占，做到“常在河边走，就是不湿鞋”。

（四）客观公正

客观是指按事物的本来面目去反映，不掺杂个人的主观意愿，也不为他人意见所左右；公正是指平等、公平、正直，没有偏失。

客观主要包括两层含义：一是真实性，二是可靠性。客观是公正的基础，公正是客观的反映。客观公正是会计职业道德所追求的理想目标。

客观公正的基本要求包括：①依法办事；②实事求是，不偏不倚；③保持独立性。

（五）坚持准则

坚持准则是指会计人员在处理业务过程中，严格按照会计法律制度办事，不为主观或他人意志所左右。

坚持准则要求会计人员熟悉法律、法规和国家统一的会计制度，始终坚持按法律、法规和国家统一的会计制度的要求进行会计核算，实施会计监督。

这里所说的“准则”不仅指会计准则，还包括会计法律、法规、国家统一的会计制度，以及与会计工作相关的各种法律制度。

坚持准则的基本要求包括：①熟悉准则；②遵循准则；③坚持准则。

(六)提高技能

会计职业技能包括会计理论操作水平、会计实务操作能力、职业判断能力、主动更新知识的能力、提供会计信息的能力、沟通交流的能力及职业经验等。

提高技能的基本要求包括：①具有不断提高会计技能的意识和愿望；②具有勤学苦练、刻苦钻研的精神和科学的学习方法。

(七)参与管理

参与管理，简单地说就是会计人员间接参加管理活动，为管理者当参谋，为管理活动服务。会计人员或会计工作并不能够直接参与企业生产经营活动的管理或决策。会计工作或会计人员与管理决策者在管理活动中分别扮演着参谋人员与决策者的角色，承担着不同的职责和义务。

参与管理的基本要求包括：①努力钻研相关业务，熟悉财经法规和相关制度，提高业务技能，为参与管理打下坚实的基础；②熟悉服务对象的经营活动和业务流程，使提出的合理化建议更具有针对性和创新性，从而能够有效地协助领导作出科学的决策。

(八)强化服务

强化服务要求会计人员具有文明的服务态度、强烈的服务意识，提供高水平、高质量的服务。

强化服务的基本要求包括：①积极主动的服务意识；②提高服务质量。

会计工作是繁杂的，但会计工作充满着温暖、希望、动力和未来。会计从业人员每一天都在耕耘人生，有惊喜、有坎坷、有幸运、有挫折，但更多的是收获。会计耕耘是实干，票据的整理要实、账面要实、核算要实，务实永远是会计人员的从业本能。耕耘是奉献，辛勤地耕耘是收获之本，会计从业人员的每一天都是繁忙的，但历经长期的积累，会计工作将成为企业成长、变化与发展的真实写照。耕耘是不断进步，面对智能化、智慧化的会计环境，会计从业人员更应该不断地进取，更新观念，掌握新知识和新技术，落后的会计工作肯定会造成企业的落后。

一个会计从业人员一旦在一个岗位上工作几年，业务就会非常熟练，此时他会觉得自己的“知识”和“能力”已经够了，即所谓“闭着眼睛也能干活”，这种心态是要不得的。现代会计是在新时期下社会出现的，现代会计将会在未来替代传统会计。一个优秀的会计从业人员要从时代的进步和不断发展中领悟未来会计的内涵，无论工作了多少年，资历有多深，都应保持持续学习的心态，否则注定会被时代所淘汰。

目前，在新时代经济发展过程中，会计面临由传统会计向现代会计的转型，需要有一个全新的定位。一个优秀的会计从业人员要懂得“会计国际化和国际化会计”的内涵，从会计现代化、信息化、国际化的视角诠释会计的目标和各要素。会计的国际化要求会计从业人员必须找准自己的位置，潜心学习国际会计规则，拓宽视野，提高自身的专业水平。随着我国“一带一路”倡议的推行，我国企业海外投资越来越多，这就需要更多的企业“走出去”，这些企业的会计必须掌握国际化的财务报表编制与核算规则，否则将难以适应未来的发展变化。

扫描二维码，获取有关会计个体与会计人员个体行为的相关内容。

拓展学习	学习笔记

二、新时期会计人员应具备的基本素质

(一)良好的职业道德

会计职业道德是会计工作应遵循的道德标准，是会计人员在会计事务中正确处理各类经济关系的各种行为规范总和。“诚信、真实、公正、可靠”是会计职业道德的基本要求。近年来，由于社会经济利益关系和社会分配方式发生了巨大变化，日趋复杂的外部环境及各种利益诱惑增多，会计职业道德受到严峻的挑战。因此，会计人员应具有自觉抵制一切违法乱纪的高尚品德，自觉遵纪守法、廉洁奉公。不论遇到何种情况，会计人员都不应丧失原则，不应做任何违法违纪之事。

(二)强烈的爱岗敬业精神

会计人员要想在财务这个领域有所突破，必须热爱本职工作，脚踏实地，本着务实、求是、实干、热情的工作态度，对自己所从事的工作有一个正确的认识。随着企业的各种商务活动的愈发频繁，如果会计人员玩忽职守，不尽本职，必将给本单位、本部门带来连锁的不良反应，并导致严重的后果。因此，爱岗敬业是每一位财务人员应具备的基本职业素质。

(三)较强的专业技能和管理技巧，以及开阔的知识视野

在当今社会，知识更新换代的速度非常快。要想成为一名优秀的会计人员，除了应具备基本的专业知识技能外，还应掌握英语、计算机、金融等相关专业的知识，并熟悉涉外合同、涉外法规等。每一位财务工作者，只有知识与能力兼备、技能与技巧并举，才具备成为一名优秀会计人员最起码的条件。

(四)树立效益观念、市场观念和法治观念

效益是企业在市场经济生存和发展的基础，与此相适应的财会工作的立足点和归宿点都必须围绕“效益”这个中心而展开。因此，会计人员必须具有效益观念，积极探索提高经济效益的新途径、新方法。

企业效益的提高是建立在市场份额不断扩大的基础上的，没有市场，也就没有效益可言。因此，会计人员不但要有效益观念，更要有市场观念。理财视野不能局限于企业内部，更要着眼于市场，根据市场信息和要求来开展各项理财工作，从而达到提高企业产品竞争力和企业效益的目的。

市场经济又是法治经济。因此，会计人员必须树立法治观念。会计人员不仅要熟悉和掌握财税法规、制度，也要熟练运用其他法律、法规。用法律、法规指导自己的工作，从而更好地确保企业的各项经营活动在法治轨道上有序、健康地运行。

会计个体是会计群体的组成要素，只有会计个体的价值观趋向一致时才会形成会计群体的共同价值观。对会计个体价值观的重视体现了坚持“以人为本”的思想。会计群体的共同价值观是会计领导者所倡导的、先进模范人物所具备的会计组织中的主流价值观。因此，会计价值观具备了明显的先进性和时代性，具有一切积极的内涵。会计个体价值观具

备这种会计价值观，就能使会计人员在思想道德、价值取向等精神方面进步，在行为上有所提升。在具体实施过程中，一方面，通过会计领导者和模范人物的思想言行产生无形影响；另一方面，开展各种宣传活动，并建立必要的规范。

三、案例学习

案例一

赵艳玲是某传媒集团的出纳。她工作勤勤恳恳、任劳任怨，能做好各级领导交办的各项任务；重学习、强自身、努力提高业务水平和素质；谦虚谨慎、尽职尽责，顾全大局，能够及时、准确地向领导提供相关财务数据；严格按财务制度的有关规定处理账务，平时经常与其他财务人员共同交流工作中遇到的难题，虚心向他人请教；身为财务人员，能严格按照财务制度认真、规范做好财务工作，规范执行国家相关的法律法规和企业的各项规章制度，一丝不苟，兢兢业业。她参与三次重大招标，能够按照财务制度做好相关数据的评估，为企业三次中标作出了重大贡献。

案例二

康瑜是某地区民政局财务室的会计。她在边陲从事会计工作20年，兢兢业业，不计名利，在平凡的岗位上取得了显著的成绩。她所在的地区经济发展较为落后，会计制度不够健全。她从小事和细节做起，对地区财会领域中存在的问题作了细致而全面的调研，负责起草了18项财务管理办法和编报报表的规范，树立了“廉政、勤政、务实、高效”的优秀形象。2014—2016年，她连续3年受到地区政府的表彰，2017年被授予“劳动模范”称号。

第五节 会计人员的群体行为

一、会计人员群体行为的概念

(一)群体和群体行为

群体就是由两个或两个以上的人组成，围绕着共同的目标，在行为上相互作用形成一定的规范和准则，在心理上相互影响，具有一定结构的个体的集合体。

群体行为是团体行为的一种特殊形式，为了实现某个特定的目标，由两个或更多的相互影响、相互作用、相互依赖的个体组成的人群集合体。

(二)会计人员群体行为

会计人员群体行为是一个会计组织的成员在工作、学习和娱乐中表现出的具有共性的行为活动。会计人员是会计组织的构成因素，会计人员的群体行为决定会计组织整体的精神风貌和会计文化的发展状况。因此，会计人员群体行为的塑造是会计文化建设的重要组成部分，建设稳定、和谐且充满活力的会计群体组织是高效率开展会计活动的保障。

二、优秀会计群体的建立

(一)组织学习的重要性

会计行业本身就是一个需要不断学习、不断实践的行业，建设一个优秀的学习型会计部门对企业来说是非常重要的。只有建设一个懂得不断充实自我的学习型群体，才能在发展的社会中为企业创造更高的价值。从学习的作用来讲：传统型会计群体的学习意识不强，每年仅仅组织一两次的后续教育培训，只满足固有的知识和经验，而不是自觉地吸取新知识，也不积极开展横向学习；而学习型会计群体无论是从机制上还是观念上都充满了强烈的再学习意识，善于在实践中将理论和实际相结合，善于发现他人优点并加以吸收。

会计领导者需要经常创造学习的机会和组织学习。一个学习型组织的理论、工具和方法就是分出的三个领域，这三个领域是对核心能力的支持。把它形容为一个三条腿的凳子，三条腿都非常重要，如果锯掉一条腿，凳子就会倒。左边那条腿是热望、欲望，右边的是群体学习，中间的就是系统思考，每一条腿都非常重要。也就是说，每个核心能力都非常重要。群体的智慧总是高于个人的智慧，当群体真正在学习的时候，不仅群体能产生出色的效果，群体中的个体成员的成长速度也比用其他的学习方式成长得快。

在实际工作过程中我们可以采用多种方式来学习，可以通过培训获取实践与理论知识，通过相互交流学习实践经验，通过会计领导者在工作中的业务指导使群体成员学习业务技能，通过会计例会学习规章制度等。所以，学习的方式可以多种多样，关键看如何运用。需要注意的是，会计领导者作为会计群体的带头人，自身应当不断地学习，不断提高自身的业务水平和知识积累，否则很难将群体带到一个更高的层次。

(二)执行力

在群体里，也许我们并不需要所有的会计人员都异常聪明，但却需要每个人都具有强烈的责任心和事业心。对于会计部门精心制订的工作计划、制度，要在理解、把握、吃透的基础上，坚定不移地贯彻执行下去，对于过程中的每一个运作细节和每一个项目流程都要落到实处。

另外，要保证群体的执行力，关键要在执行过程中明确要实现的目标分哪几个阶段，以及需要具体确定哪些工作指标。这是确保任务完成质量的关键，也是保证群体执行力的关键。比如，群体在执行“月结账工作”的任务，如果会计领导者能够进一步明确工作任务的进度，如在哪一天验收单据录入必须结束，哪一天销售、成本费用必须入账，什么时候经营报表需要上报，何时纳税，并适时进行指导与考核，这样群体执行起来的效果就会更贴近预期，那么群体的执行结果也有了保障，就不会出现工作不能及时完成的现象。在实践工作过程中，我们采用“会计工作秩序表”的方式将会计日常发生的工作进行统计并明确到每个会计人员，在规定的期间内保质、保量地完成，从而保障了会计群体的执行力。

(三)创新力

党的二十大报告指出：“全面建设社会主义现代化国家，必须充分发挥亿万人民的创造伟力。”只有不断地创新才能保持企业的竞争优势，但是创新能力从哪里来？只有在非常了解原来的流程、制度的前提下才能不断进行创新。不断开展教育培训，是提高人才群体创新能力的重要手段。抓好教育培训工作，是提高人员知识水平和综合素质的重要途径，而人员的知识技能是激发创新能力的前提条件。尤其在不断发展壮大的企业，这一点体现得更为明显。在实践过程中采用每周、每月不定时的方式进行业务知识培训，包括“做人、做事、再做账”“会计核算原则”“商品流程”“会计分析”“软件操作”等，通过不断地开展业务知识培训，可以提高整个群体的综合素质。

在日常工作过程中，应当及时对会计流程进行优化创新。比如，通过流程改造，将代销、经销分开核算，减少了会计录入工作量；对银行解款每天记录入账，从而减少银行对账的工作量；为了加强资金的安全管理，采用相互核对监督的方式进行盘点、监督。再如，现金出纳对收银主管的备用金进行监盘，会计领导者对出纳的货币资金安全进行监督；利用会计软件批量运算功能对报表进行数据提取，提高报表提取的工作效率。当然，这不过是会计日常工作中创新的一小部分，还有大量的创新工作需要不断的努力，通过创新提高会计群体的整体实力。

创新能力体现在会计工作中的各个方面，是一个综合性的概念，也只有综合性的创新能力，才是真正有竞争优势的创新能力。人才培养不只要重视知识技能方面，还要考虑品德、情感、志趣等精神层面，考虑企业文化、考虑人才队伍的凝聚力和群体精神。这是只有通过企业综合性的教育培训才能做到的。谁在这方面把握得好、做得好，谁就能保持长久的整体创新优势。

(四)群体分工与合作

群体内没有分工就没有合作。如果一项工作没有明确的分工，则每个会计人员都不知道自身的工作任务是什么，具体要承担什么样的工作责任，也就谈不上合作，导致的结果就是权责不清、秩序混乱，无法正常地开展各项工作。会计群体内对一些工作岗位有一些特殊的要求，如职务不相容原则、内部控制等。这就决定了要想建立一个会计群体，必须先进行合理的分工。

根据企业的具体情况，可以对会计分工的方式进行重新定位，也就是采用并联的工作方式，将会计群体岗位分为会计领导者、结算会计、固定资产管理会计、应收应付会计、出纳等。这样的分工方式的优点是进一步明确会计群体各岗位会计人员的职责和权限，由多个部分进行单独核算后进行合并汇总，提高数据的准确性，更利于会计管理的执行。

即使有合理的分工也还不够，还要强调群体人员的合作。首先，要强化会计人员之间的合作意识，使他们懂得会计工作是一个整体性的工作，任何一个会计人员的工作不到位都会影响群体的工作效率；其次，在工作过程中创造一个良好的工作氛围，使会计人员之间形成一种相互协作的作风；最后，会计领导者人应当适时地指导下属如何分工与合作。

(五)要在群体中建立热望或共同愿景

所谓热望，就是经过一定的努力之后能达到的目标。有了这个愿望，会计领导者会制定各种各样的目标。对于会计群体来说，会计领导者对群体成员说应该做什么、目标是什么，和群体成员知道自己应该做什么、目标是什么，这两者是完全不同的。有意义的目标和没有意义的目标之间的唯一的差别，是有意义的目标可以激发群体成员的热情、耐心及接受挑战的意愿。这里包括两部分，一部分是个人的愿景，还有一部分是群体的共同愿景。

会计领导者制定群体的共同愿景，不一定能把它变为现实。真正的共同愿景是所有群体成员对这个愿景有自己感情上的联系，有个人利益的联系。也就是说，一个共同愿景的建立，是把群体中每个人自己的愿景和群体的共同愿景结合在一起。只有个人愿望是不够的，还要有一个共同的愿望，一起进行深入思考，最后才能建立群体的共同愿景。

一个共同愿景的建立，不是一天、一周、一个月就可以完成的事情。从某种角度来说，建立一个共同愿景的过程，其实就是进行群体成员间讨论和交流的过程，这个过程就是人与人之间进行互动，真诚地和对方交流自己的想法的过程。在群体中建立起共同愿景，是提高群体凝聚力的最佳途径。

三、案例学习

案例一

孙孝钢是上海某医院的财务处处长。他在该院财务处工作多年，兢兢业业，尽忠职守，为医院实现社会效益和经济效益作出较大贡献。在他的带领下，该院财务部门在上海申康医院发展中心对该院的财务年终考核中，连续两年获得“一等奖”，荣获2012年、2013年市财政局财务会计信用等级及会计基础工作规范化评定A类单位。财务处下属的收费窗口先后获得“上海市共青团号”“上海市青年文明号”“上海市用户满意明星班组”“上海市迎世博窗口服务示范岗”等荣誉称号。

案例二

操礼庆是某省立医院党委委员、总会计师兼计划财务处处长。他自 1992 年参加工作以来兢兢业业、尽忠职守，在医院预算、成本、绩效和风险管理、财务信息化建设和人才培养等方面取得卓越成绩。他着重培养财务团队，所带领的团队 1 人入选全国会计领军(后备)人才，2 人入选省级领军人才，8 人获得高级会计师任职资格。他担任支部书记的机关五支部荣获“省卫生厅先进基层党组织”称号，计划财务处获“2005 年全省先进财会工作集体”“2009 年医院先进集体”称号。

第六节　如何优化会计行为文化

会计行为文化是会计文化的浅层文化，也是一种外显文化，是会计共同价值观和会计精神的折射，动态地体现了会计工作作风、会计人员的精神面貌和人际关系状态。

作为一种亚文化，行为文化由行为方式、价值取向和行为环境三个要素构成。行为方式是行为文化的外在表现，受到行为环境的制约；价值取向是人们选择行为方式的标准，是行为文化的核心内容；行为环境即会计组织所处的文化环境。

会计行为文化是研究影响会计行为的文化环境及其规律。文化环境也是会计行为文化的一个重要的内容，它能够通过对会计人员行为方式的影响和制约，反作用于会计人员的价值取向。

一、会计行为文化的影响因素

(一)劳动报酬

物质上的需求要求企业给予会计人员合理的劳动报酬。当前，在把会计人员看作“社会人”的前提下，金钱的追求不是会计人员的唯一目标，但对于物质的需求使得金钱成为会计人员满意感中的基础因素，在一定程度上代表了成员在组织中的成就和贡献。同工同酬，公平合理，在一定程度上能够提高会计人员的工作积极性；反之，不合理的薪资制度会引起成员的不满并影响其工作热情。

(二)对工作的满意感

增强会计人员对工作的满意感有助于提高其工作积极性和工作热情，主要表现在会计人员从事会计工作是否获得自豪感、归属感和能因工作出色而受到赞扬等。目前，大多数的会计人员表示对自己现在从事的会计工作感到自豪或非常自豪，但是仍有不少的会计人员并未在工作中获得自豪感，这在一定程度上制约了会计人员的创造性、积极性。满足会计人员对于精神层面需求的重要性不亚于满足其对于物质需求的重要性。

(三)会计领导者的影响

哈罗德·孔茨和海因茨·韦里克在他们合著的《管理学》一书中指出："我们把领导定义为影响力，这是影响人们心甘情愿地和满怀热情地为实现群体的目标而努力的艺术和过程。"会计领导者的管理行为和价值取向对会计人员的工作行为有着巨大的影响。一方面，由于会计领导者在会计组织中特殊的地位，决定了他们在建设优秀的会计文化过程中起着关键的作用。有不少会计人员认为，其所接触的会计领导者对会计文化建设的重视程度还不够，应当加强对会计文化建设的重视程度，从而发挥会计领导者在会计文化建设中的积极作用。另一方面，单位负责人的不良影响是造成目前会计职业道德丧失，进而影响会计行业诚信的最主要的内部原因。

二、优秀会计行为文化的建设途径与方法

(一)创造良好的会计文化环境，培养会计主体的正确的价值观

从以上分析可以看出，在任何一个时代，一个民族、一个阶级的人们都有自己共有的观念性的东西，如心理状态、思维方式、社会习惯、人情世态、行为准则等，这些决定了该人群总体的行为方向。中国文化传统中的儒家思想几千年来影响着我国民众的心理状态、思维方式、社会习惯、人情世态、行为准则。优良的文化传统使人群总体的行为朝着积极向上的方向发展，文化传统中的消极因素也会使人群总体的行为朝着消极的方向发展。会计文化既以一定的形式存在于外部环境之中，又以观念的形式内含于会计主体的意识之中，对会计行为具有深刻的影响力。会计文化环境能够通过对人们的行为方式的导向

和约束作用，进而影响会计主体的价值取向。

1. 通过创造良好的会计文化环境，加强对会计行为的引导

不同的文化环境培养不同的价值取向，不同的价值取向又决定了不同的会计行为。会计文化对会计行为的正面引导主要是通过良好的社会道德、传统习惯、企业文化等的传承而实现，体现在会计主体的价值取向上，同时通过文化教育、文化传媒、文化产品等途径，使良好的、优秀的会计文化更普遍地形成并成为会计主体的行为选择的标准。

2. 通过创造良好的会计文化环境，强化对会计行为的约束

不同的会计文化影响会计主体的价值取向，从而决定了会计主体的行为。但是，会计行为也要受到会计文化的约束，这种约束是通过强制性规范来实现的，如会计法规、规章、制度和会计职业道德观念。会计主体在利己的价值取向下，选择利己行为甚至违法乱纪行为时，要受到法律制度和社会舆论及职业道德的有效约束。但是，如果法律监管不力，社会舆论及职业道德弱化，会计主体的行为就会失去约束。因此，强制性规范的制定和实施对优化会计行为文化是非常关键的，是建设优秀会计行为文化的保障。

3. 通过创造良好的会计文化环境，促进对会计行为的激励

会计行为的动机产生于需要。会计主体的需要表现为：会计目标的需要，即外部需要；会计主体自身生活和精神的需要，即内在需要。前者具有被动性的特征，后者具有主动性的特征。当会计主体的需要得到文化观念的认可时，行为的动机就会得到空前的强化，从而引导会计行为的产生。

(二)运用社会认知理论，掌握会计主体的行为规律

“人的社会行为的形成有其内在机制，社会认知学习理论揭示了观察学习及其基本过程，有助于我们认识组织中人的行为规律。”社会认知学习理论是美国著名心理学家阿尔伯特·班杜拉的一种有关个体在现实生活情境中所进行的观察学习理论。他强调人的行为是内部因素和外部因素的复杂相互作用的产物，强调人有自我调节、自我监控的能力，并且强调人的思想、情感和行为不仅受直接经验的影响，而且也受观察学习的影响。这种理论从认知、行为和环境三个因素之间的相互作用来说明人类的行为，引起了广泛的重视。

观察学习是班杜拉社会认知学习理论中的一个重要概念。班杜拉认为，人类由于具有认知能力，更多地得益于经验。大部分的人类行为不是靠自己的行为后果，而是通过对榜

样的观察而习得的。班杜拉对观察学习进行了深入的探索，他把学习过程划分为四个子过程，即注意过程、保持过程、运动再生过程和动机过程。

班杜拉认为，由于影响观察学习的因素很多，榜样的示范即使非常强烈，也不能自动地形成与之同样的行为。通过对示范行为的再生与否进行奖惩，绝大多数人都能最终形成所要求的示范行为。

根据班杜拉的社会认知学习理论，在优化会计行为文化的过程中，应注意有意识地树立榜样，使会计文化更加形象、更加具体，在无形中感到有形，使会计人员有学习、追赶的目标，从而增强会计文化的可信力、感召力，形成一种人人学先进、赶先进的局面，使会计文化在互相学习中深化、升华。榜样可以有多种层次，优秀的会计领导者、优秀的会计工作者及优秀的会计工作集体的示范带头作用，使会计文化更加具有魅力和吸引力。他们身上体现的精神，促使会计人员不断更新观念，强化对优秀会计文化的认同感，形成积极向上的工作氛围。同时，还应注意对会计人员的学习模范人物情况及所作出的成绩进行有效的评价和奖惩，以不断强化榜样的示范作用，并使之固化为广大会计人员的自觉行动。

(三)运用动机理论，调动会计主体的工作热情和积极性

动机问题是心理学、管理科学共同关心的问题，也是会计行为文化研究的重要问题。它包含人类行为的基本源泉、动力和原因，反映行为的目的性和能动性特征，关系员工的工作动机和工作积极性的激发。21 世纪以来，关于动机研究有很多有代表性的动机理论，大致有本能论、趋利论、诱因论、需要论、认知论等。

动机包含内在动因、外在诱因和中介调节三个因素。在自我调节的作用下，个体的内在动因和外部诱因相联系，从而激发行为。在个体先天所具有的潜能或心理倾向的基础上，通过学习逐步形成，是动机过程的前提。由此可以看出动机激发的可能性。由于影响动机的因素很多，所以动机的激发途径也是多种多样的。

1. 了解、满足会计人员的内在需要，培养其内在动因

除了个体的生理需要之外，个体所具有的有社会意义的内在需要是后天形成的。这种形成过程主要来自家庭教育、学校教育、社会要求等。由于个体先天的潜能、心理倾向的差异性，以及社会环境、家庭教育、学校教育的复杂性，个体所形成的内在需要千差万别。有的会计人员具有理想、抱负和对于工作成就的追求，而有的则追求享乐、自

私自利等。这就产生了引导会计人员产生合理需要的问题。通过教育、激励、竞争等措施，将社会、企业、职业道德所要求的合理的、积极的需要转化为会计人员的内在需要。

需要是否被及时满足也是非常重要的。马斯洛的需要层次理论指出，满足个体的基本需要，有助于激发其更高层次的需要。因此，要提高会计人员的工作热情，激发他们的职业兴趣和对于成功的追求，先要满足其基本的生理、安全、归属、受尊重等的需要。同时，要使其对行为目标有清晰的认识，提高其内驱力水平。内驱力是行为的直接动因，从会计工作中获得的满足，对会计工作的喜爱，就是会计人员工作的动力所在。要注意在工作中培养会计人员的求知欲、探索欲和成就感。

2. 合理设置外在诱因，激发会计人员的工作积极性

外在诱因主要是指行为目标及奖赏与惩罚。行为目标对个体具有激励作用，因此，设置目标应注意根据会计人员的具体情况，让其参与目标的设置，要做到目标清晰、远近结合，并有一定的高度。目标清晰能够使会计人员清楚如何努力才能更好地达到目标的要求。在制定目标时，应分别制定长远目标和近期目标，使会计人员既有长远的追求，也有近期的追求。近期目标更能激发会计人员的内在兴趣。目标的制定有一定的难度，不但要能使会计人员有一定的紧张度，还要能调动其积极性。

外在诱因的另一重要方面是指对行为的激励，主要是通过对会计人员的奖励实现的。奖励分为两类：一类为精神方面的奖励，如表扬、鼓励等；另一类为物质方面的奖励，如奖金、奖品等。奖励作为一种重要的激励手段，被很多企业广泛采用。但应注意的是，激励作为外部强化的一种手段，对动机的影响是复杂的，两者并不是完全正相关。因此，要注意处理好内部动因和外在诱因的关系，以内部动因的激发为主、外在诱因的强化为辅。

3. 运用心理契约理论，树立以人为本的文化理念

心理契约反映的是员工与组织之间的内在心理联系，它在员工与组织之间建立起桥梁。员工与组织的这种关系影响员工的工作满意度、对组织的情感投入、工作绩效，以及员工的流动率和组织目标的实现。

组织行为学家阿格瑞斯将心理契约界定为：员工和组织对于相互责任的期望，包括个体水平的期望和组织水平的期望。如果企业能够清楚每个员工的内心期望并给予满足，将起到巨大的激励作用。心理契约理论对于优化会计行为文化起着直接的指导作用。心理契约概念的提出是“以人为本”的企业文化的体现，作为亚文化的会计文化建设首先也是树立

“以人为本”的文化理念。所谓“以人为本”的会计文化理念，就是要关心会计人员、尊重会计人员、让会计人员在工作中实现自身的价值。这种平等、和谐、积极向上的氛围和精神会更好地促进会计人员的心理契约的形成。

会计人员心理契约的形成，主要取决于会计组织的领导者和管理者。会计组织的领导者和管理者要学会用柔性管理方式激发会计人员的主人翁精神，使他们对企业有一种归属感并产生向心力。同时还要以身作则，与广大会计人员平等相处，以激励手段调动会计人员的积极性，而不是依靠职权发号施令。

会计文化的构建是一个没有终点的、持续不断的过程。尽管在一段特定的时期中，它可以呈相对稳定的状态，但不可能就此停滞不前。正因为会计文化的构建是一个持续的过程，它就必然一直处于矛盾运动之中。除了它与其他文化的矛盾之外，更有它自身内部真与假、先进与落后的种种矛盾。因此，不能将某种特定的会计文化完全绝对化、唯一化。

会计文化是否具有生命力，归根结底就是看它是否能够有力地推动会计理论和会计实践的发展。因此，会计文化只有在创新与继承的交替中不断发展，既有对传统的延续和继承，也有对传统的背离与创新，才能使会计文化建设具有科学性，才能沿着正确的方向前进。同时，为保证会计文化建设的有序进行，应确定会计文化建设的近期目标和远期目标，建立必要的制度和规划。在规划时既要体现超前意识，又要考虑具体情况和动态变化，力求符合客观实际，选准会计文化建设的突破口，选择最有代表性和最具影响力的关键问题，实现跨越式的发展，从而打开局面，促进会计文化建设的深入开展。

扫描二维码，获取本章小结。

本章小结	学习笔记